世界劇場

16-18世紀
版畫中的羅馬城

王健安＿著

Wang, Chien-An

推薦序

輔仁大學歷史學系教授 王芝芝

　　作者王健安由保存公共智慧財產的學術平台，取得十六至十八世紀版畫電子圖像資料，以電子資料中的羅馬城版畫討論城市空間與其時代的關係，建構了這本具創新性的現代文化史著作。雖然本書的主題是討論自文藝復興時代以來，數代羅馬天主教教宗們如何盡心盡力打造羅馬城，為的是要讓羅馬城足以擔當天主教普世教會「首善之都」的重任。但是，作者又進一步討論在全球化與近代化的推波助瀾下，羅馬城的全新發展，他認為近代的羅馬城不僅僅是天主教教宗的駐蹕所在，而是全球基督教徒萬方矚目的救贖之城；繼而，他更經由十七世紀以來，文人學子的「大旅遊」與十九世紀義大利的統一建國為見證，指出羅馬城已步出單一宗教性的角色，在近代全球化扮演著既是西方文化傳承的平臺，同時也是近代全球化城市發展不可忽略的指標。

　　圖像資料的空間分析是一項綜合歷史資料詮釋學、建築學、藝術史、社會史、經濟史等等科目為基礎的近代史學研究新路徑，作者的努力深具學術延展性，這確是一本頗具可讀性的書。

推薦序

輔仁大學歷史學系教授 張省卿

《世界劇場：16-18世紀版畫中的羅馬城》這本書，是近幾年來華文世界討論歐洲藝術史中，最值得推薦的一本書。它是作者發自內心深處的感動，將過去研究成果匯集成書，展現作者對藝術史的熱愛！

古城——璀璨耀眼的世界舞台

本書以「世界劇場」概念，細膩觀察羅馬城發展，也以此為主軸，串連各章節。進入本書，讀者會想親自到羅馬這個「世界劇場」去參觀、看看，它並非一般旅遊介紹，而是帶領讀者真正深深進入羅馬城的內心世界，引領我們跳進歷史脈絡之中；藉由豐富的視覺媒介，探討城市空間的幾個重要發展階段，讓讀者可以真正一窺文明古都的城市嫵媚與城市精神。

本書以整體大城市發展的概念，論述羅馬這個世界劇場，在16世紀、17世紀、18世紀的巨大變革與現代化；對今日讀者而言，除可品閱歷史建築風貌、神遊古城地貌景觀與緬懷歐洲古老美好過去外，更可為現代城市發展尋求創造美麗未來的新靈感。書中大量使用當時代的一手拉丁文獻資料與視覺材料，藉由本書細膩的圖像與文獻分析，會讓人恍然大悟，原來巴洛克時代及啟蒙時代的幾何數學和放射星狀城市佈局，是來自羅馬城的靈感。

現代城市改革運動之先驅者

本書探討一個歐洲近代發展史中最重要的議題，那就是16世紀以來，因應新教改革競爭，在羅馬教皇及其教會團隊帶領下，對羅馬城做現代啟蒙性的規劃與改革，這些重要的城市改革運動，部分藉由大量版畫的記錄與出版被保留成為文化史上最有力

的見證；本書作者就是把這些時代見證，依序一一呈現在讀者面前，帶領我們進入羅馬城的內心藝文世界。在此同時，也讓我們發現，羅馬的現代化，同時助長了歐洲各地城市現代化的發展，它是當代倫敦、巴黎、柏林及維也納等城市發展的重要指標。此類重要議題，即便在歐洲，也未有如此詳細利用版畫圖像資料，將羅馬城市的交通幹道、城市景觀作有連貫性、系統性的探索與分析；書中在方法學上，更是兼顧藝術史圖像與歷史史料文獻的分析，深入探索城市空間的人文意涵；作者以最嚴謹的態度處理人類歷史發展中最重要、最直接、數量最多的媒介——圖像史料，以圖像學（Iconology）、圖像誌（Iconography）及風格學，對16世紀以來羅馬城的相關圖像視覺文件、文獻作解剖，探索羅馬在教會努力的城市現代化過程中，如何藉由城市三度空間展現時代風華。

　　《世界劇場》開啟華文世界藝術史學界從傳統二度空間的局限，跨越到藝術史三度空間的探討，尤其藉由大量圖像資料，包括當代城市地圖、城市平面圖、城市地景圖、城市建設圖、旅遊版畫等羅馬城市空間，形塑教會在政治、宗教、文化、藝術、經濟、社會等方面的現代化企圖，更可看出天主教會成功借用藝術功能，為其政權塑造改革形象的同時，又實際具體的美化了羅馬城市景觀並改善城市交通運輸功能，為羅馬城現代化奠定基礎，是現代城市改革的先驅。

城市空間是國家形象大使與最佳宣傳工具

　　傳統一般認為歐洲現代城市規劃啟於工業革命以來的十九世紀，事實上，經由本書，讓讀者理解，除了古典時代（古希臘羅馬時代），早在16世紀、17世紀、18世紀的羅馬城，便已開始了現代城市規劃的經驗，尤其經過幾位教皇的努力，城內已有比較大規模、大範圍、大區域的整體規劃與公共建設興建。歐洲現代啟蒙改革以來，執政者、掌權者強烈體認到美化城市空間、大

量興建公共建設及改善城市實用機能，最能快速為執政者作政治宣傳，效果也最好。羅馬城就是一個最經典的典範，其宗教聖地背景，經過幾位教宗強人們的努力，大力借用城市空間，為教廷與宗教信仰作宣傳，以對抗阿爾卑斯山以北的北方新教改革勢力之衝擊；而透過大旅遊時代，來自歐洲各地遊學知識份子們的記錄，更可以證明羅馬城市現代化改革是成功的典範。由本書分析可以看出，教宗們以城市空間為媒介，為自己做宗教宣傳，也為我們證明，城市空間是掌權者最佳宣傳工具，利用良好的公共建設規劃，可以更有效率的展示統治者治理能力。19世紀，現代民族、民主國家建立，歐洲政治領導者，更是有意識地利用最直接的城市空間，來展現新興國家勢力的崛起。到了20世紀、21世紀全球化的今日，城市空間則是直接與國家形象畫上等號，從作者的分析，的確讓我們理解到城市空間魅力的不可抗拒。

最新傳播媒介「版畫」與眼見為憑之啟蒙精神

作者分析羅馬城內發展，讓人理解版畫、圖像可以轉變成千變萬化的方式，更密集的進入人們日常生活之中。16、17、18世紀的歐洲，版畫製作已非常發達，也已具備類似今日傳播媒介的功能，本書就是利用版畫圖像資料，為我們介紹近代史中羅馬城的新面貌，而這些版畫更是同時具備藝術美感與傳播知識的功能。由書中介紹，我們可以看出，不只義大利，荷蘭當時的版畫技巧，也漸漸蓬勃發展，歐洲各地版畫更是如火如荼的各展所長，表現出豐富多元的樣貌，成為傳播知識訊息的最佳工具。航海地理大發現以來，除了原來的羅馬、威尼斯以外，阿姆斯特丹及其它幾個重要城市，也漸漸成為歐洲出版業中心，成為版畫藝術重鎮，版畫家身份也由傳統工匠轉變成藝術家、知識份子、學者，在當時歐洲社會是有身份地位的職業階級。版畫在此時的重要性與影響力，並不亞於一般傳統認知上的藝術作品，如繪畫、雕塑等視覺藝術。當時代版畫家藉由製作圖像版畫，運用各種技

術、角度、視野、風格來展現羅馬城的今與昔。本書選用的各種版畫及其展現的羅馬城浪漫廢墟、激發崇古想像力的古建築、懷舊古風的地景、宏偉鳥瞰的視野等等，都令人嘆為觀止！版畫中的羅馬城，更說明了大旅遊時代眼見為憑的新經驗，與其成為實踐啟蒙時代實證精神的重要佐證。

基督、異教文化結合及世代品味的轉變

本書還原歷史真相，具體詳細陳述當時羅馬城內一些重要工程技術的狀況，教會如何利用技術工程來展現教廷的進步與現代化。作者述說埃及方尖碑在羅馬城內的置放技術與設計空間，其與城市景觀的結合，當代藝術家是如何把藝術與科學結合在一起，展現當時代的人文科學精神。埃及方尖碑在羅馬城內的規劃與放置，除展現遷移方尖碑的超高技術外，更是利用其地標，增進城市景觀美化，就是這個靈感，改變了整個世代的品味。我們可以由書中看出這個時期，羅馬教廷對古代異教埃及文明的友善態度。此時，出現所謂歐洲最早期的「埃及學」研究學者，他們是古代文明知識的熱愛者，也是真正開始研究埃及象形文字的學者，例如本書中提到的著名學者契爾學，便是以文化比較的角度，研究埃及文字，他研究埃及、中國、印度、美洲、古希臘羅馬各地文明，嘗試擺脫大歐洲主義下的自我中心思想，以全球化的視野，研究歐洲與其他地區文明的歷史發展，是啟蒙時代的美好典範。在網際網路發達的今日，如何跳脫自我中心，如何擺脫人與人、地域與地域、民族與民族、宗教與宗教、洲際與洲際之間的偏見與刻板印象，也許十七世紀的羅馬城，會是我們的榜樣。羅馬城的確是一個美好的典範，是它開啟這個靈感，把埃及異教方尖碑融入城內的天主教建築與城市景觀之中，這舉動不只是「淨化過程」，更是異教與天主教的融合體現。以後在歐洲其它城市也有很多這類歐洲本地風情結合異國風情的城市景觀設

計，展現了歐洲現代全球化的意圖與文化多元理想。書中精彩描述城市內充滿異國風情的方尖碑，如何被融入到城市美景中，它們不只具備視覺美感、宗教理想，更有實用地標功能。羅馬城與之前中古城市的最大區別，除更具公共便利的功能性外，城內也開始借用異教文藝元素，像埃及的元素，來裝飾城市景觀，羅馬成為異教與天主教文化融合的場域，展現羅馬城對異教文化的開放心胸。

現代化改革契機

本書論述羅馬城的現代化中，因應宗教信仰活動，帶動城市內部比較偏僻地區的發展，這也讓我們理解到歷史發展中的各類面向，包括宗教、社會、政治、文化、藝術、經濟、軍事等因素，都有可能是造就一個區域的改革動機與契機；就如同羅馬城，因為因應新教改革的挑戰，反而加速了它更為現代化的規劃與興建。除經過幾位教宗的努力，開始重視城市整體規劃外，也注意到調整未開發區域的均衡發展，例如為荒涼的東部區域，設計興建筆直寬廣的大道，以便連結已開發區與未開發區；又例如教宗的建設，早已注意到公共交通、公共衛生、公共水道的設計（例如羅馬城東半部水道的興建），注意到實用與藝術的結合，功能與美學的連結。書中用美麗建築案例，介紹羅馬城內自文藝復興時代以來集中式建築之重要性，使讀者有機會認識到，歐洲人文主義藝術家如何利用建築之數學、科學、幾何、圓形等造型，來表達人文理念中理性、完美、永恆、啟蒙之概念，展現了整個歐洲現代文明的最重要精神。

對華文世界的讀者來說，《世界劇場》就好像一場知識的饗宴！書中對圖版的用心設計與大器驚人的收錄數量，真是讓人賞心悅目，是一本不可多得的書作！

目次
Contents

Chapter 1 ———————— 16世紀

道路、廣場與方尖碑，16世紀教宗的宏偉願景

Chapter 2 —————— **17 世紀**

巴洛克羅馬與劇場城市

Chapter 3 —————— **18 世紀**

羅馬：大旅遊時代的觀光重鎮

前言

著名版畫家瓦西在18世紀中葉時，出版了這幅以羅馬城波波洛廣場為主題的版畫。背後三條道路以極度對稱的模樣向遠方延伸，這是羅馬城內最早完成的三岔路口，由16世紀早期多位教宗先後完成；位於正中央的方尖碑，是教宗西斯圖斯五世在16世紀末留下的工程成就，為廣場立下一個顯而易見的地標；三岔路兩側的教堂，則是17世紀教宗完成的建設，用來強化視覺上的對稱感。三個不同時代的城市建設座落一處，為羅馬城最重要的出入口提供宏偉景象，最後再由18世紀版畫家紀錄下來，這就是近代羅馬城市發展史的縮影。

對近現代歐洲人而言，羅馬不只是座城市，更是個蘊含眾多教堂、古蹟與宏偉建築的朝聖地，匯集了歐洲文化的精華。以15世紀文藝復興為起點，教宗為了博取聲望、彰顯地位，招攬多

位藝術家、推動各項大型建設，致力於讓羅馬城更顯華麗。今日所見的許多知名景點如聖彼得大教堂、聖彼得廣場、卡比托林廣場，乃至於方才提到的波波洛廣場等，都是相同時代背景下的產物。隨著時間過去，城內居民除了享有越來越好的生活條件，也被富有宣傳意味的大型建築包圍，無形中感受著教宗試圖推廣的政治、宗教或哲學理念。羅馬變成了如同劇場般的城市，眾人活在教宗的宣傳劇碼中，也在無意間成為其中一位演員。一切彷如莎士比亞曾說過的：「世界皆舞台，眾人皆演員。」

在羅馬迅速轉變的過程中，印刷術日漸成熟，大量製作版畫圖像再也不是難事。印刷術的興起不只帶動文字閱讀的革命，也讓圖像傳播擺脫人工繪製的成本難題與可能誤差，逐漸演化為一種非常重要的大眾媒介。眾多藝術家注意到這股新時代潮流，紛紛創造出頗受市場喜愛的版畫，進而擺脫油畫、壁畫只能給少數人欣賞的侷限，讓更多人得以認識羅馬，以及教宗蘊藏其中的理念，為這座城市最光輝燦爛的時刻留下珍貴記錄。現在還能直接認識16至18世紀羅馬城市景觀之轉變，和版畫的出現有著絕對關係。

其中，17世紀出版的旅遊導覽手冊便以「世界劇場」形容羅馬。與前人不同的是，新時代的導覽手冊懂得視覺圖像的重要性，大量加入描繪城內景觀的版畫，以圖文並茂的方式證明羅馬確實值得這頂桂冠。在此之後，還會有好多版畫家走在同樣道路上，甚至熟練運用各種繪畫技巧添加奇想成分，誇飾羅馬的空間感與建築比例。這一來有助於城市形象的塑造，二來可讓觀者更樂於逗留在這個融合了真實與想像的劇場裡。

在過去，這些版畫都扮演著類似新聞傳播者的角色，具有十足重要的宣傳功能；到了今日，如此重要的功能早已喪失，只剩歷史紀錄的價值。但只要找到適當切入點，我們還是能藉此進入那個名為「世界劇場」的場域，近距離觀察曾身處其中的列位教宗與藝術家們，參與專屬於那個時代的盛況。

道路、廣場與方尖碑，
16世紀教宗的宏偉願景

I.

遷移梵蒂岡方尖碑

　　西元1590年，藝術家豐塔那（Domenico Fontana, 1543-1607）在羅馬出版了一本工程專書《論教宗西斯圖斯五世時期的梵蒂岡方尖碑搬遷工程與其它建設》（以下簡稱《梵蒂岡方尖碑搬遷工程》），他對聖彼得廣場的觀察以版畫形式一同收錄在書中，雖然有理想化的成分，但大體不脫當時的實際狀況（圖1-1）。畫面前景為一座巨大高聳的方尖碑，引來不少人駐足觀賞。方尖碑所在位置是一大片寬闊的廣場，直接面對著名的聖彼得大教堂，其有著巨大顯眼的穹頂，與廣場另一端的梵蒂岡方尖碑相互呼應，拉出一條貫穿廣場的中軸線，呈現只有在羅馬才能看到的城市景象。仔細觀察可發現，豐塔那在版畫中放置了一些拉丁字母，位於方尖碑上的字母A，對應到的文字說明為：「方尖碑與其裝飾放置在廣場正中央[1]」。看似平淡的話語，代表的其實是一項留名於世的工程成就。

1　Guglia con i suoi adornamenti posta nel mezzo della piazza.

圖1-1　豐塔那成功搬遷梵蒂岡方尖碑後的聖彼得廣場，後方是著名的聖彼得大教堂。原圖出自：Fontana, *Della Transportatione dell'Obelisco Vaticano e delle Fabriche di Sisto V.*

提到豐塔那，在現代並不是個有名的藝術家，但回到4個世紀前的歐洲，他可是個相當受矚目的人物。豐塔那的藝術成就上承16世紀風潮，下啟17世紀流行，對羅馬城市景觀的影響絕對不下於當時任何一位藝術家。有著方尖碑的聖彼得廣場，即為其一生中最成功的代表作。

豐塔那在1543年生於今日瑞士境內，學習經歷跟許多當代藝術家一樣，將羅馬視為必經的留學之地。原為石匠出身的他，在羅馬迅速累積實務經驗，並撥空考察古代遺跡，努力學習幾何學、建築學，這些經驗對他的未來發展都有莫大助益。大概在1577年，也就是豐塔那34歲那年，認識了樞機主教菲利伽·佩瑞蒂（Felice Peretti, 1521-1590），從他手上接下了兩個工程委託：聖母大殿的新禮拜堂，以及主教個人的家族別墅蒙塔托宮，此次際遇成了豐塔那一生中最重要的轉捩點。

西元1585年，當時的教宗葛雷高里十三世（Gregory XIII, 1502-1585）逝世，樞機主教菲利伽被選為新任教宗，名為西斯圖斯五世（Sixtus V）。自此之後，豐塔那一躍成為全羅馬城內權限最大的建築師，身兼多項工程。在此之中，又以搬移方尖碑

最引起世人注意，且對於後世之影響也最為熱烈；絲毫不令人意外的，搬移方尖碑的過程都紀錄在《梵蒂岡方尖碑搬遷工程》一書中，佔去大半篇幅。最值得一提的是，豐塔那運用大量精細版畫詳實紀錄工程過程，放上比例尺與羅盤供人參考，甚至還描繪了工人的工作模樣，即便不閱讀文字，單看圖像也能大致理解他的計畫，重要性絲毫不下於文字說明。

此書提到，當西斯圖斯五世正式上任不久後，正式公開遷移方尖碑的計畫，下令召開評選負責人的會議。消息一出，歐洲各地的建築師、工程師與數學家莫不聚集在羅馬，以口頭或模型展演的方式，向審查委員解釋自己的構思，每個人都希望能接下這項千餘年來，都未曾有人得以執行的偉大工程。豐塔納本人也是當年的競爭者之一。

　　在名為〈遷移梵蒂岡方尖碑的方法〉的章節中，第一張版畫
便是在向讀者解釋來自全歐洲的眾多構思(圖1-2)。計畫中要遷
移的梵蒂岡方尖碑位於畫面最中間的顯眼位置，背後建築物為舊
聖彼得大教堂的南側附屬空間。方尖碑的造型維持了自古羅馬時
代以來的樣貌，頂端放置一顆金屬圓球，當代傳聞相信裡面裝著
凱撒的骨灰。地面上有七組人員操作著各自器械，有人希望利用
巨大繩索將方尖碑抬起來，有人則是計畫利用槓桿原理，也有人
打算將方尖碑傾斜放置在木架上加以搬動，但這些想法無一受到
採用。僅有遠離地面、兩個小天使背著的器械獲得青睞，這正是
豐塔那提出的設計。

　　評選會議結束後不久，西斯圖斯五世授予豐塔那一份特許
狀，有權徵收糧食、馬匹，要求相關人員給予適當協助，而且可
在一定補償下，徵收工程所需的房舍地產。豐塔那也不負教宗所
望，快速徵調重要物資、拓寬工程用地、組裝必要設備，在隔年
四月就已準備好相關事宜，轟動當代歐洲的大工程於焉開始。

圖1-2　1585年，教宗決定搬遷梵蒂岡方尖碑，吸引歐洲各地的競爭者到羅馬展現他們的設計(編號B至H)，最後選上豐塔那的設計(編號A，有兩個小天使托著)。原圖出自：Fontana, *Della Transportatione dell'Obelisco Vaticano e delle Fabriche di Sisto V.*

工程執行當天，通往施工地點的道路被嚴格封鎖，群眾只能站在封鎖線外觀望這難得一見的表演，而且不能發出巨大聲響。工程開始前，教宗先為工作人員祝禱，結束之後豐塔那才前往指揮位置。確認一切準備就緒，高亢的喇叭聲隨之響起，向在場工作人員傳遞啟動訊號。頓時，數百位工作人員一同在方尖碑周圍，執行一連串複雜而又危險的工作。

根據豐塔那本人的說法，遷移方尖碑的工程技術早已失傳，因此只能自行重新設計。他的構思說來簡單：先將方尖碑水平放至地面，牽引到新位置後，再豎立起來。為了達到這項目的，他創造出名為「卡斯泰羅」的巨大器械。其基本造型是由數條巨木組合而成的巨大支柱，架設在方尖碑左右兩側，再用其他木條縱橫組織以強化穩定性，木材上裝設不同造型的滑輪用以牽引繩索。至於方尖碑，先在外側包裹一層麻布，再加上數圈安裝滑輪的金屬製方框。串聯各滑輪的繩索最後再由馬匹或工人拉動，還有大量工作人員在不同地方監看，確保所有環節的力量相互配合，不會造成方尖碑過度傾斜(圖1-3、1-4、1-5、1-6)。

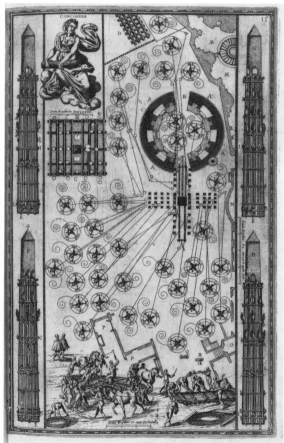

圖1-3　豐塔那用來搬運方尖碑的「卡斯泰羅」，設立在南北兩側。圖片上方為各式滑輪與固定器，每個物件都還有專文解說。因方尖碑過於巨大，不得不打穿一旁建物以便執行工程。原圖出自：Fontana, *Della Transportatione dell'Obelisco Vaticano e delle Fabriche di Sisto V.*

圖1-4　工程進行中的平面圖，圍繞在四周的數十個圓形圖案為繩索絞盤，下方圖畫展示了當時的運作狀況。圖像兩側為方尖碑加上牽引設備後的四面。原圖出自：Fontana, *Della Transportatione dell'Obelisco Vaticano e delle Fabriche di Sisto V.*

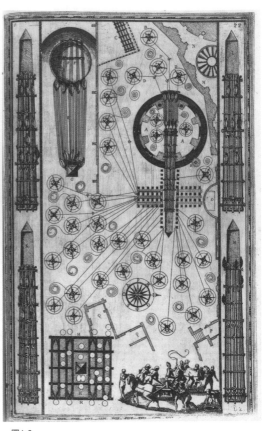

圖1-5
方尖碑放置在地面上的過程。除了畫面前景的幾組人馬外，在圖像後方用了相當撩亂的筆觸畫出大量工人與馬匹，強調工程規模的浩大。原圖出自：Fontana, *Della Transportatione dell'Obelisco Vaticano e delle Fabriche di Sisto V.*

圖1-6
方尖碑平放時的平面圖，北方位於圖像右側。因方尖碑尺寸過大，還需將部份暫放一旁建物內部。左上方圖像代表的是，當時也在建築物上方架設相關器材，多條繩索橫跨屋頂。原圖出自：Fontana, *Della Transportatione dell'Obelisco Vaticano e delle Fabriche di Sisto V.*

終於將方尖碑抬起來後，最危險的階段其實是將之緩緩放置地面。所有人都必須聽從喇叭聲發出的信號，一起出力或停止動作，避免任何無法挽回的情況發生。當有任何異狀產生，例如木材出現過大的擠壓聲，也會停下來檢查。方尖碑的頂端朝東準備放置在一個木製平台上，下方還有數條圓木材方便日後拖引。當方尖碑順利躺平後，整個工程才總算暫時度過一大難關。

工程的下一步是將方尖碑拖曳到新地點。因為原始地點比新地點來得低，再加上還有一個新基座，豐塔那為此必須鋪設一段緩緩向上的坡道。坡道兩側由一排木牆組成，更裡面還有六層支柱以不同角度整齊排列，最裡面則還有三根巨大的木條分散向內擠壓的力量；至於坡道外側，以十字交錯的方式釘上強化支幹，並另外架設傾斜插入土中的木頭，土中還有卡榫強化固定效果（圖1-7）。

圖1-7　　運送方尖碑的巨大土坡，外表有多層穩固結構。畫面上半部充滿了基督宗教意象：鴿子、十字架與強烈光芒，象徵整個工程受到上帝眷顧。原圖出自：Fontana, *Della Transportatione dell'Obelisco Vaticano e delle Fabriche di Sisto V.*

至於在上一個階段完成重大任務的「卡斯泰羅」，則是原地拆除後於新地點重新組建。基本樣貌大致不變，都是以數根巨大木頭在方尖碑兩側組成三角形結構。當方尖碑終於順利拉到新地點後，再次安裝滑輪，套上繩索，準備進行最後一個階段(圖1-8、1-9、1-10)。

16世紀的歐洲人是否擁有與古羅馬帝國相匹配的工程技術，就看接下來的最後成果。西元1586年9月11的凌晨，教宗先是舉行彌撒、向上帝祈禱後：

（豐塔那）將所有人分配到其所屬位置，並要求所有人準備就緒。在喇叭與鍾的聲響下，四十部牽引設備、一百四十匹馬，以及八百位工作人員聽從指揮一同行動。 [2]

將方尖碑立起來的過程再次吸引大批民眾在封鎖線外觀望，有人甚至願意出錢購買觀賞位置。從遠方前來晉見教宗的法國大使，經過廣場時也忍不住觀看了好一陣子。(圖1-11)

豎立工程持續了一整天，終於將方尖碑安穩放置在新基座上。看到如此浩大的工程順利畫下句點，頓時間成了全羅馬的大事。根據豐塔納的說法，他們擊發大砲慶祝工程結束，在場民眾拍手叫好、不停向豐塔那歡呼。正在處理政務的教宗西斯圖斯五世聽到消息，也從遠處急忙趕來觀看。比古羅馬帝國還要年邁的梵蒂岡方尖碑終於離開偏僻角落，放置在一座偉大教堂的正前方，雄偉姿態引人忍不住多看了好幾眼。從此刻起，豐塔那的名聲迅速向外傳播，他完成了在此之前，許多建築師與教宗都曾想過，但都未能實現的夢想。

工程結束後，教宗施行了方尖碑的「淨化儀式」。儀式隊伍先從教堂舉行彌撒後，再遊行至方尖碑底下，不斷地灑聖水與焚香，最後在其頂端放置「山丘支撐星辰」的雕像，宣布此座方尖碑昇華為羅馬城內的朝聖物，鼓勵眾人前來參拜。一個嶄新的朝聖地點，就在豐塔那與教宗的努力下宣告完工。

2　si distribui'　ciascuno a suo luogo, & allo spuntar dell'alba furono tutti in ordine, e si comincio' con quaranta Argani, cento quaranta cavalli, e ottocento huomini con i medessimi segni della tromba, e della campanella per lauorare, e per fermarsi.

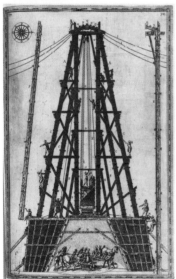
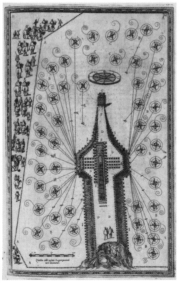

1-8	1-9
1-10	1-11

圖1-8
在方尖碑將重新豎立的地點組裝「卡斯泰羅」，基本造型與運作原理與先前大致相同。

圖1-9
豎立方尖碑的平面圖。這張版畫的佈局有點混亂，地平線在畫面正中央，許多工作人員分布在後頭，但比例怪異，使透視效果顯得相當不自然。畫面下方的數條條紋，代表「卡斯泰羅」的平面圖。畫面正中央的三個方尖碑，展示其三個方位的外貌：中間是面對天空的一面，左右兩個分別代表方尖碑左右兩側。最上面的方格，則是「卡斯泰羅」頂端的滑輪位置。下方編號H的滑輪左右各一組，安置於「卡斯泰羅」與土坡的底部。從廣場上牽引過來的繩索經過滑輪組後，會再經過「卡斯泰羅」頂端(下圖編號O)與方尖碑外側。

圖1-10
豎立方尖碑的剖面圖，描述主題同圖1-9。繩索從絞盤延伸至此後，會再從兩側牽引方尖碑。下方展示坡道內部，編號N為內部支撐架，實際上為封閉空間，裡頭的絞盤組是為了實際展示運作情況。

圖1-11
所有設備組裝完畢後的平面圖，北方位於圖像左側，圖中圓圈是絞盤所在位置。編號G為監看整個過程的高塔，編號A的虛線則是警戒線，外頭有衛兵看守，不許閒雜人干擾工程，違者處以重刑。

原圖出自：Fontana, *Della Transportatione dell'Obelisco Vaticano e delle Fabriche di Sisto V.*

2.

西斯圖斯五世之下的新羅馬

西斯圖斯五世在1585年就任教宗，於同年隨即下令重新豎立方尖碑。如此迅速的決策，說明他對於羅馬城的後續發展早有一套頗為完整的想像與企圖心，方尖碑不過只是整體計畫中的一部份而已。

從當時情況來看，西斯圖斯五世的羅馬都市計畫有其必要性。羅馬城內分佈多座山丘，平地集中在城市西半部的台伯河沿岸。在古典時代，因為低地容易氾濫，加上不易防守，羅馬城先從丘陵地區發展，日後才漸漸往西邊平原擴張。直到羅馬帝國滅亡前，平原始終是相對低廉的居住區，高級住宅與神殿都座落在東側山丘。當基督宗教在西元4世紀於君士坦丁大帝支持下，成為羅馬帝國的國教後，也對羅馬城的景觀造成不小影響，諸多宗教性建築陸續完成，確立了羅馬作為歐洲朝聖中心的地位。

直到16世紀前的漫長時光中，這些宗教建築是羅馬城內的重要地標。例如由林堡兄弟在15世紀初繪製的羅馬城地圖，將城市放置在圓形框架內，以象徵性的手法點出城內景觀，其中又以

教堂的描繪最為明確可辨，甚至還略為放大比例以突顯存在感；但相對的，在有限的版面中，觀者也難以從中一窺羅馬城的真實樣貌(圖1-12)。在1493年出版的《紐倫堡編年史》選擇以較為寫實的風格呈現羅馬城市景觀。畫面以台伯河沿岸為中心，花費更多心力描繪一般平房，聖彼得大教堂處在顯眼的畫面上方，為混亂的城市景觀指點位置(圖1-13)。

圖1-12
林堡兄弟於西元15世紀繪製的羅馬城，教堂是最主要的地標。原圖出自：Limbourg Brothers , Très Riches Heures du Duc de Berry, 15th Century.

圖1-13　《紐倫堡編年史》(Die Schedelsche Weltchronik)中的羅馬城市地圖，觀看重心聚焦在台伯河沿岸的鬧區。聖彼得大教堂位於畫面右上角，三道拱門後方還有一座尖塔的地方，即為教堂出入口。原圖出自：Schedel, Schedelsche Weltchronik.

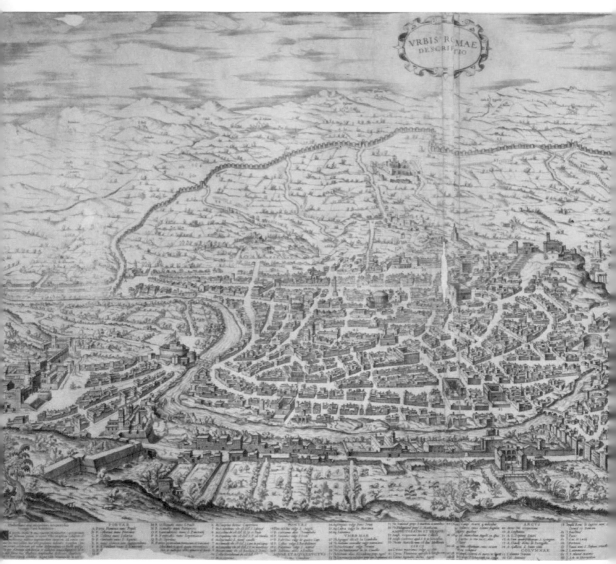

圖1-14　地圖《羅馬城市樣貌》，以鳥瞰視野由西向東展示城市景觀，北方位於畫面左側。由皮納德(Ugo Pinard)繪製，
　　　　完成於1555年。原圖出自：Pinard, *VRBIS ROMAE DESCRIPTIO.*

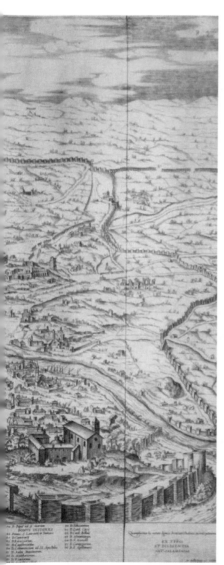

長久以來，教宗作為羅馬城的實質統治者，花費泰半心力在教堂的建設與維護工程上，更為迫切的民生需求反倒相對忽略。長久下來造成的結果是，羅馬城嚴重的區域發展不均。自從羅馬帝國滅亡後，原本用來供應廣大人口需求的水道也隨之廢棄，迫使人們擠向台伯河。直到16世紀初，僅占約三分之一面積的沿岸地區，便容納了超過半數以上的人口，而且這還沒有將人批朝聖者算入；在最極端的地區，人口密度甚至會有百倍以上的差距。雖然西半部羅馬的生活條件頗為便利，商店、旅館、餐館眾多，卻是建立在犧牲生活品質的前提上。

皮納德（Ugo Pinard）出版於16世紀中葉的羅馬城地圖(圖1-14)，清楚展現了在西斯圖斯五世之前，異常擁擠的城市西半部。地圖觀看視野由西向東俯瞰整座城巿，幾乎和台伯河道構成平行狀態。台伯河沿岸的房舍眾多，僅有少數地方擁有開闊廣場，多數道路也是彎曲小巷。但大約以波波洛城門、費拉米亞路到卡比托林廣場為界，以此向東的地方卻是一片荒野，形成非常強烈的對比。而且這幅地圖受限於繪圖視野，東半部的面積比例其實縮小不少，如果從高空垂直觀看，其中差距一定會更加驚人。

羅馬城東半部並非毫無發展優勢。較高的地勢使當地視野
遼闊、空氣清新，也是個適合居住的地方；更重要的是，城內的
許多重要教堂其實都座落當地。換言之，如果能改善東半部的基
礎建設，其實大有發展遠景。當西斯圖斯五世成為教宗時，看到
的便是此等羅馬。在豐塔那協助下，他決定以東半部羅馬城為中
心，創造出整合整座城市的道路系統，並在許多地方設置廣場、
方尖碑與宮殿。當這些建設順利完成，形成了兼具實用性、美觀
性與宗教性質的城市景觀時，羅馬城自然會展現出不同於以往的
氣勢。

豐塔那在《梵蒂岡方尖碑搬遷工程》的前言處，共羅列了35
項在西斯圖斯五世之下完成的工程。其中第16至20項內容關係到
道路建設：

16 一條命名為菲利伽的新道路，全長2.5哩。

17 兩條從聖羅倫佐城門開始的新道路，一條通往聖母大殿廣場，另
一條通往浴場廣場。

18 另一條從聖母大殿到聖馬可宮殿的新道路。

19 另一條從拉特蘭聖若望大殿到大競技場的道路。

20 另一條連接薩拉拉城門到庇亞路的道路。 [3]

3　16 La strada nuoua nominata felice lunga due miglia, e mezzo.
17 Due altre strade nuoue si partono da Porta San Lorenzo, vua arriua su la Piazza di Santa Maria Maggiore, e l' altra su la piazza delle Terme.
18 Vn' altra strada nuoua da Santa Maria Maggiore al Palazzo di San Marco.
19 Vn' altra strada da San Giouanni Laterano al Coliseo.
20 Vn' altra, che va da Porta salara a' strada Pia.

圖1-15　此為圖1-14的部分截圖，黑框處由左至右分別為聖母大殿、拉特蘭聖若望大殿、聖十字聖殿。

　　在西斯圖斯五世的都市計畫中，道路系統是最重要的基礎建設之一，皆通往羅馬城內的主要教堂與出入口。羅馬自古以來作為朝聖要地，有許多備受各地信徒推崇的教堂。在16世紀當時，城內又有四座教堂的地位特別崇高，分別是聖彼得大教堂、拉特蘭聖若望大殿、聖十字聖殿與聖母大殿。聖彼得大教堂位於交通便利、繁榮熱鬧的台伯河沿岸；其它三座都是位於相對荒涼的東半部。雖然有些許誇大，在皮納德的地圖中，可看出這三座教堂附近不僅罕有人跡，更缺乏便捷交通。此前雖已有其他教宗顧及此處的道路需求，但只能算是局部改善，朝聖者還是屈就於不便捷的交通環境，辛苦跨過崎嶇地形(圖1-15)。

　　西元1585年，精力旺盛的西斯圖斯五世不僅下令豎立方尖碑，還要求在東半部鋪設多條筆直道路。豐塔那解釋，教宗的動機無非也是出自於宗教因素：

> 教宗也想使那些道路交通更加便捷，一來是出於虔誠，二來也是希望能讓眾人更常於參訪城內的神聖地方。[4]

---

4 Volendo' ancora Nostro Signore facilitar la strada a quelli, che mossi da deuotione, o da voti sogliomo visitare spesso i piu' santi luoghi della Citta' di Roma.

　　教宗與豐塔那對於這些道路的功能寄予高度期待，相信可以打造嶄新城市風貌與生活型態：

　　他在許多地方開闢相當寬敞、筆直的新道路。如此以來每一個人無論想要步行、騎馬或是乘坐馬車，都能前往羅馬各地，或是直接朝向著名朝聖地。這些道路對於城市生活的便利性也有幫助，因為通往人口眾多之處，可以建設宏偉宅第與商店 [5]

　　至於道路如何適應當地天然地形，豐塔那的對策簡單明瞭，也就是直接鋪平即可：

　　前面提到的這些道路，並不會因山丘或山谷而繞道，而是直接跨過去。填補、整平當地地形，使之成為風景宜人的寬敞平原地景。[6]

　　西斯圖斯五世建構的道路系統以聖母大殿為中心，再以多條道路向外輻射。最重要的一條為橫跨整個區域的菲利伽路，北端從皮切諾山開始，往東南方向行進，直接通往聖母大殿之後，再一路朝向聖十字聖殿，中途跨越多座山丘。至於豐塔那提到的其它道路，依據他在文中提到的順序，分別為、「聖羅倫佐城門

5　ha in molti luoghi aperte molte strade amphissime, e dritissime: talche puo' ciascuno a piedi, a cauallo, e in cocchio partirsi di che luogo si voglia di Roma, e andarsene quasi per drittura alle piu' famose deuotioni, la qual cosa ancora gioua a riempir la Citta': perche essendo queste strade frequentate dal populo, vi si fabricono case, e botteghe in grandissima copia.

6　hatirate dette strade da vn capo all'altro della Citta' nulla curando i monti, o le valli, che vi s'attrauersauano: ma facendo spianar quelli, e riempir queste, l'ha ridotte in dolcissime pianure, e uaghissimi siti.

路」、「天使聖瑪利亞教堂路」，「潘尼斯佩拉路」、「拉特蘭聖若望大殿路」、「薩拉路」。再加上既有的道路，例如與菲利伽路垂直相交的庇亞路，以及連接聖母大殿和拉特蘭聖若望大殿的葛雷高里納路，東半部的重要地點幾乎都在包含其中(圖1-16)。

教宗所做的不是只有改善東半部交通，還力求整座城市更緊密連結。菲利伽路的最北端，通往城市主要出入口波波洛廣場，在那裡利用多條筆直道路可前往台伯河沿岸鬧區，以及重要的聖彼得大教堂；至於像是潘尼斯佩拉路、拉特蘭聖若望大殿路等，其實也是朝向人口眾多的地方。

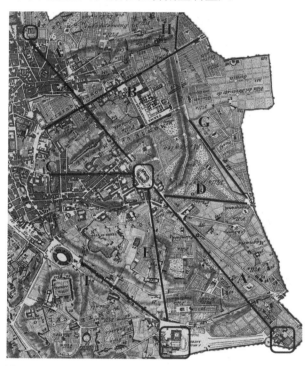

圖1-16
教宗西斯圖斯五世規劃的東半部羅馬道路系統。(A)，菲利伽路(Via Felice)、(B)，庇亞路(Via Pia)、(C)，潘尼斯佩拉路（Via Panisperna）、(D)，聖羅倫佐城門路(Via di Porta San Lorenzo)、(E)，葛雷高里納路(Via Gregoriana)、(F)，拉特蘭聖若望大殿路 (Via di San Giovanni in Laterano)、(G)，天使聖瑪利亞教堂路(Via Santa Maria degli Angeli)、(H)，薩拉拉路(Via Porta Salara)。原圖出自：Piranesi, *PIANTA DI ROMAE DEL CAMPO MARZO*.

　　西斯圖斯五世在當選教宗前，長年居住在聖母大殿所在的
艾斯奎利諾山。或許是此段生活經歷，在就任教宗不久後，得以
規畫出全新道路系統，並在短時間內宣告完成。與此同時他也務
實地注意到，當地需要的不僅是便捷道路，還有無比珍貴的水資
源。減少人們在取水上所需耗費的時間，同樣是東半部能否持續
發展的關鍵。

　　豐塔那曾在《梵蒂岡方尖碑搬遷工程》提到，東半部是個適
宜居住的地方，可惜的是，缺乏便利用水條件是當地發展的一大
阻礙，「這個狀況促使教宗下定決心，為了城市居民的公共便利
性，將水源牽引至此」[7]。同樣是在就任之初，西斯圖斯五世隨
即下令興建菲利伽水道。水源取自郊區，結合尚存的水道遺跡後
將水源帶入城內後，再轉為地下水道擴散至各區域。

　　水道工程結束後，教宗特定在庇亞路興建了有著華麗外觀的
「摩西噴泉」以作紀念。整體造型如同一座凱旋門，下方有著三
道整齊、對稱的拱門，裡頭逐漸往內縮成如同壁龕的空間。正中
央放置摩西手拿柺杖朝向地面的雕像，水源便從雕像基座噴向前
方水池。摩西雕像借用了摩西當年帶領猶太人出埃及時，以手杖
指向地面便噴出水源的典故，有意將教宗形象與古代先知連結在
一起(圖1-17)。

7　la qual cosa mosso l'animo di nostro Signore di far venire iui l'acque a
　　publica commodita' e della Citta' e degli habitanti.

水道完成後，帶來難以抹滅的龐大效益。除了這座摩西噴泉，還有許多私人建設的噴泉，都利用相同水源陸續完成。教宗本人在聖母大殿旁的家族別墅蒙塔托宮，其實就受益良多，建設出先前難以想像的美麗花園。如同豐塔那提到，越來越多人得以移居此處，當地環境景觀也能更加多元、豐富，處處充滿盎然生機。以此為契機，羅馬城東半部的居住人口日漸增加，到了18世紀出現密集的房舍、別墅與花園，與兩個世紀前的狀態有著極大落差。

道路與水道等基礎民生建設固然重要，但西斯圖斯五世還將眼光放置在城市美化，以及賦予宗教意涵的工作上。只有當所有建設逐一完成，才能真正展現在西斯圖斯五世心目中，羅馬城應該擁有的樣貌。一切的關鍵，最終還是需要回歸到豐塔那在《梵蒂岡方尖碑搬遷工程》中，花費大半篇幅與眾多版畫介紹的方尖碑及其周圍建設。

圖1-17
摩西噴泉的立面外觀，上頭的拉丁碑文，主要記載西斯圖斯五世透過菲利伽水道將水源牽引到羅馬的功績。下方圖示為噴泉的平面圖。原圖出自：Fontana, *Della Transportatione dell'Obelisco Vaticano e delle Fabriche di Sisto V.*

3.

方尖碑：帶來救贖的城市地標

在西斯圖斯五世的理想中，羅馬城的新樣貌絕對不可缺少方尖碑，然而，他不是第一位注意到方尖碑的教宗。16世紀早期的教宗如朱利烏斯二世（Julius II, 1443-1513）、保羅三世（Paul III, 1468-1549）等，便注意到方尖碑的位置偏僻，不約而同地認真思考搬遷計畫，但最後皆因工程難度過高而不了了之。朱利烏斯二世最重用的建築師布拉曼帖（Donato Bramante, 1444-1514）曾提出建議，乾脆將聖彼得大教堂的正門改往南方、正對著方尖碑，教宗深怕此舉將打擾聖人遺骸而否決。保羅三世則試圖將工程交付米開朗基羅（Michelangelo di Lodovico Buonarroti Simoni, 1475-1564），但遲遲沒有獲得回應，旁人詢問後才知道，米開朗基羅擔心方尖碑會在工程途中斷裂。

方尖碑的固然有著引人注目的碩大外觀，但還有更多外在條件強化其重要性。往前追溯，會是一段漫長的歐洲文明史，這也更能理解西斯圖斯五世與豐塔那當年開啟的工程，為何能造成舉世轟動。

　　大概在西元前2700年左右，古埃及人開始製作方尖碑，用以紀念法老的統治或是標誌重要宗教場域。一向喜歡宏偉建築的羅馬人征服埃及後，將大量方尖碑當作戰利品搬回羅馬，不久後，羅馬人甚至也自行建造方尖碑。這些方尖碑主要放在城內顯眼醒目的位置，例如廣場、神殿附近，梵蒂岡方尖碑當年即作為賽馬場上的裝飾。

　　西元四世紀，羅馬皇帝君士坦丁大帝在賽馬場附近建設舊聖彼得大教堂，梵蒂岡方尖碑順勢成了教堂南側的古代遺跡。當羅馬帝國滅亡後，羅馬城內眾多方尖碑紛紛倒塌斷裂，埋在廢土殘骸下，只有梵蒂岡方尖碑始終屹立不搖。在接下來的數個世紀，這座方尖碑一直是眾多旅人、朝聖者前往羅馬時的必經之地(圖-18)。

圖1-18
梵蒂岡方尖碑在豐塔那動工前的樣貌，周圍滿是舊聖彼得大教堂的殘餘部分，尚未完工的新聖彼得大教堂在畫面左邊。原圖出自：Fontana, *Il TEMPIO VATICANO E SUA ORIGINE: Con gl'Edifitii più cospicui, antichi, e moderni fatti dentro, e fuori di Esso.*

　　從15世紀的文藝復興時代起，越來越多新發現的古典文獻指出，方尖碑其實與古埃及文明有深厚淵源，眾人的重視有增無減，最後已到了近乎崇拜的程度。

　　文藝復興時代是個充滿神祕主義的時代，有許多人文主義者熱衷於從古典哲學、古埃及文化或是煉金術中，參透宇宙真理的樣貌。他們特別崇拜一位虛構的古埃及賢者赫爾墨思，相信藉由專研他的作品（這部份也多半是後世虛構之作），可找到許多失傳的智慧，例如利用星體運作，獲得健康長壽和成功事業。在此風潮影響下，許多古埃及相關事物都顯現難以抵擋的無限魅力，象形文字不再是莫名的圖案，而是蘊含了古代智慧的存在，連帶讓眾多方尖碑受矚目的程度也更勝以往。16世紀許多教宗會如此重視方尖碑的存在，都和這股時代潮流脫離不了關係。

　　研究古埃及文明的熱潮將在接下來延續超過一個世紀。在16世紀下半葉，曾為歷任教宗服務的博物學者梅爾卡提（Michele Mercati, 1541-1593），在1589年出版了《論羅馬城的方尖碑》一書，為讀者介紹方尖碑的歷史淵源，以及過去一個世紀以來，豎立方尖碑的各種失敗嘗試。在此之後，17世紀耶穌會最出名的學者契爾學（Athanasius Kircher, 1602-1680）持續在前人基礎上，

深入古埃及文明的研究，他一度宣稱將要找到解讀象形文字的方法。雖然事後證明他所謂的解讀有許多謬誤，對於後續發展仍提供了不少珍貴啟發。

西斯圖斯五世的羅馬都市計畫就是在此背景下成形，他所看到的方尖碑不僅是個巨大石塊，還是歐洲千餘年來關注的焦點、古埃及文明的遺留，以及博取聲望的大好機會。文藝復興時代並非一味追隨古典時代，他們更想要在諸多方面開創出超越前人的成就。例如在文藝復興早期完成的聖母百花大教堂之穹頂，以萬神殿都無法企及的高度，為建築師布魯內涅斯基（Filippo Brunelleschi, 1377-1446）帶來至高榮耀，永受世人緬懷。許多人也都知道，只要順利遷移方尖碑，就能達成舉世聞名的偉大功績。西斯圖斯五世很幸運地遇到頗有天份的豐塔那，得以解決這項長久以來的難題。

豎立方尖碑可帶來的效益不言可喻，不過有個至關重要的問題在於，這座方尖碑為異教產物。西斯圖斯五世身為天主教會的最高領袖，他的所作所為仍必須有益於教會與信徒。所幸有許多案例證明，教會與異教文化並不必然衝突，兩者之間往往有許多相互協調之道。這位教宗將方尖碑搬遷到廣場後，還透過先前提

到的淨化儀式，轉換成教堂正前方的朝聖地。豐塔那曾向讀者清楚解釋教宗「淨化」方尖碑的考量，這也可以大量套用到羅馬城內的多項建設：

> 教宗第一年就盡其所能鎮壓並消除偶像崇拜的成份，異教徒常藉由金字塔、方尖碑、圓柱、神殿，以及其它著名建築積極表現。為此，抱著虔誠的想法與極大的熱情搬移梵蒂岡方尖碑，……使它遠離不榮耀的偶像崇拜，消除異教徒的世俗性光榮，……並淨化這座古阿利亞（譯註：當時對方尖碑的另外一種稱法），……將之放在最神聖的十字架之下，……隨著救世主被釘在上面犧牲，十字架已成為上帝凱旋、勝利的象徵。……教宗還為了更加彰顯基督徒神聖紀念物的光榮與偉大，將同樣物件放置在所有著名建築上，包括了聖母大殿、拉特蘭聖若望大殿、波波洛聖母聖殿的方尖碑頂端。[8]

---

8 Di qui e', che nel primo anno, che dalla providenza del sommo Motore fu assunto al Pontificato, con ogni forza possible cerco', non solo di reprimere, ma di levare affatto la memoria de gli Idoli, che tanto furno da Pagani essaltati con le Piramidi, con gli obelischi, con Colonne, co' Tempi, & con altri famosi edifice....Pero' si compiacque di dar principio a' cosi pio desiderio, & ardente zelo con l' obelisco del Vaticano, che Guglia volgarmente si chiama,...e purgando essa Guglia, e consacrandola in sostegno, e piede della santissima Croce,...., che con la morte del Salvatore confitto in essa sia ragionerolmente divenuta trionfale, e vittoriosa insegna de i Re,...., ma ancora per maggior gloria, e splendore di questo sacro stendardo de Christiani, ha ordinato, che sia posto sopra tutte le sue fabriche notabili, cioe' nell' altre Guglie a' Santa Maria Maggiore, a' San Giovanni Laterano, a' Santa Maria del Popolo....cio' fece ancora per honorar maggiormente il segno della salute nostra,...., e vittoriosa insegna de i Re.

也就是說，將十字架放到梵蒂岡方尖碑的頂端時，其意涵早已遠超過紀念性裝飾，試圖昇華至信仰層級。無論規模大小，西斯圖斯五世在羅馬推行的工程計畫，其實都可歸結在此核心概念下。

當年道路系統完成後不久，西斯圖斯五世命人用壁畫的方式將其樣貌保存在美景庭的壁畫中。以聖母大殿為中心，所有道路的相對位置經過畫家巧思略為變形，營造出向外輻射的星辰狀。壁畫正上方留下了這句拉丁碑文：「以多條筆直道路通往聖殿，西斯圖斯五世開創通往星體的道路路。」[9] 這句話的概念出自一句古典時代的詩文：「歷經艱苦道路終達繁星。」[10] 此處所指的「聖殿」，正是位於星狀道路正中央的聖母大殿，而所謂的「星體」，既是用來形容道路形狀，也意指歷經困難後得到的救贖。聖母大殿本為獻給聖母的教堂，祂扮演著人類與上帝的中介者，幫助人類獲得救贖；而星狀道路則與代表耶穌的伯利恆之星相呼應，強調耶穌作為救世主降臨人世。在這些宗教意涵的解讀下，原本只是自然地貌的各座山丘，象徵著需要跨越的苦難，新鋪設的道路正在協助人們加以克服。

9　Dvm rectas ad templa vias sanctissim pamdit, ipse sibi Sixtus pandit as astra viam.

10 Per aspera ad astra.

　　如此複雜的宗教意涵最後以「山丘拱著星辰」的圖騰廣泛用於各處，從教宗的個人徽章，到他推動的各類建築計畫都可發現，從而以視覺圖像更廣為宣傳，梵蒂岡方尖碑的頂端雕像即為如此。當一切準備就緒，梵蒂岡方尖碑除了是古代遺跡、指引方向的巨大路標，更是宣傳宗教理念的工具，如同其南面基座的碑文提到：

> 教宗西斯圖斯五世
> 透過艱苦的勞力
> 移動梵蒂岡方尖碑到使徒所在地的門口
> （方尖碑）曾經因不神聖的信仰獻給異教神明
> 在西元1586年，他第二年的任期[11]

北面碑文繼續說道：

> 教宗西斯圖斯五世
> 以適當且無比的智慧
> 將梵蒂岡方尖碑獻給永恆不敗的十字架
> 淨化不潔的迷信
> 在西元1586年，他的第二年任期[12]

---

11 SIXTUS V PONT MAX
OBELISCUM VATICANUM
DIS GENTIUM
IMPIO CULTU DICATUM
AD APOSTOLORUM LIMINA
OPEROSO LABORE TRANS
ANNO MDLXXVI PONT II

12 SIXTUS V PONT MAX
CRUCI INVICTAE
OBELISCUM VATICANUM
AB IMPERURA　SUPERSTITIONE
EXPIATUM IUSTIUS
ET FELICIVS CONSECRAUIT
ANNO MDLXXXVI

豎立梵蒂岡方尖碑工程完成後，豐塔那並未因此較為輕鬆，還有許多艱難工程等著處理，其中最重要的，莫過於另外三座方尖碑的豎立工程。經過妥善修復後，最終放置位置如同梵蒂岡方尖碑，都是位於城內重要空地或道路節點上，其依序是：聖母大殿北側廣場、聖若望大殿北側廣場，以及波波洛廣場。

在豐塔那的《梵蒂岡方尖碑搬遷工程》中，僅有一張版畫紀錄位於聖母大殿北側的艾斯奎利諾方尖碑（圖1-19）。圖中有兩座方尖碑，右側是尚未重新遷移的樣貌，左側則是修復過後的樣貌，已立於新基座之上，頂端也放置了山丘拱著星辰的雕像。除了少數人跡，這幅版畫的背景一片空白，地面描繪顯得異常空曠，絲毫無法從中看出周圍樣貌；但事實上，教宗和豐塔那也在這個地方投注不少心力。首先，為了與新道路相呼應，教宗全面整頓教堂北方的空地，將原本不平坦的地形改造為一片平坦廣場，既能突顯周圍重要建築的存在感，也能展現格外壯麗的城市景觀。艾斯奎利諾方尖碑正對著菲利伽路，規律地放置在聖母大殿的中軸線上，朝聖者從北方前來時，從遠處就能看到方尖碑的指引。在抵達廣場時，左側還有教宗個人別墅，一改過去荒蕪的地貌。

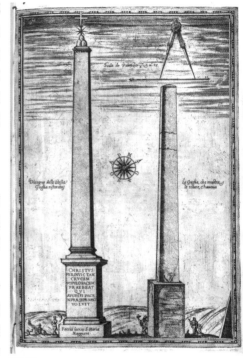

圖1-19
艾斯奎利諾方尖碑修復前(右)後(左)的模樣。觀看視野直接面對方尖碑北面，不過後面的景觀完全省略，實際上還能看到聖母大殿。原圖出自：Fontana, *Della Transportatione dell'Obelisco Vaticano e delle Fabriche di Sisto V.*

　　面向聖母大殿的北側，有一棟西斯圖斯五世興建的新禮
拜堂。外觀採用集中式佈局，上方有個巨大穹頂。雖然不甚明
顯，仔細觀察還可發現意涵深遠的宗教符號，例如在穹頂外側
的女兒牆上，山丘與星辰交互出現。禮拜堂正中央放置的物
件，根據豐塔納的說法，為耶穌出身的馬槽遺跡。遺跡的重
量、尺寸巨大，豐塔納善用先前工程所得經驗，以各種滑輪、
巨大繩索拖拉至預定位置(圖1-20、1-21、1-22)。

圖片皆出自: Fontana, *Della Transportatione dell'Obelisco Vaticano e delle Fabriche di Sisto V.*

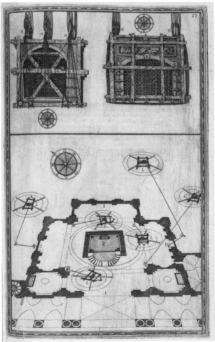

圖1-20
位於聖母大殿東側的新禮拜堂，由豐塔那
設計興建。根據他的說法，裡頭放置著耶
穌出身的馬槽遺跡。

圖1-21
上方為耶穌馬槽遺跡的外觀，周圍綁著繩索與滑
輪。下方為聖母大殿禮拜堂的平面堂，編號K為
遺跡放置位置，附近的圓形圖示則是負責牽引的
絞盤。

圖1-22
將耶穌馬槽放置預定位置時的施工過程，
技巧跟搬運方尖碑的做法大同小異。

隨著艾斯奎利諾方尖碑搬遷完工後，下一個嚴峻工程是將拉特蘭方尖碑放置在聖若望大殿的北側空地。拉特蘭方尖碑的尺寸為全羅馬城內之最，而且更重要的是，上頭刻有豐富聖書體，相當適合放置在教會內位階最高的聖若望大殿旁。豐塔那的版畫也是以新舊並陳的方式，展示修復前、後的模樣，下方放置的觀望者對比出其巨大尺寸（圖1-23）。

圖1-23
拉特蘭方尖碑修復前(左)後(右)的外觀，豎立在拉特蘭聖若望大殿的北側廣道，剛好是大型道路的交會處。不過這張圖省略了背景圖像，無法看到實質視覺效果。Fontana, *Della Transportatione dell'Obelisco Vaticano e delle Fabriche di Sisto V.*

圖1-24
在拉特蘭方尖碑後方的祝聖迴廊，
以對稱外觀與方尖碑相互搭配。

圖1-25
拉特蘭宮面對廣場處之外觀。圖片皆出自：Fontana, *Della Transportatione dell'Obelisco Vaticano e delle Fabriche di Sisto V.*

　　豐塔那也在拉特蘭方尖碑周圍執行多項建設。方尖碑的正後
方，也就是聖若望大殿的側邊，建造了在造型上能相互搭配的祝
禱迴廊（圖1-24）。迴廊有著完全對稱的造型，共分兩層樓、五
個開間，各開間左右兩側皆飾有星辰和山丘浮雕，最上方的兩座
尖塔雖是早期建築，也徹底融入新設計中。在方尖碑的東南邊，
則是當時一同重建的拉特蘭宮（圖1-25）。新宮殿的共分三層，
外觀樸素，只有不斷重複出現的窗框為裝飾，第一層全由方形窗
框組成，其餘皆是頂端為圓弧形與山牆造型的窗框。宮殿面對廣
場的一面，特定放置了裝飾感強烈的入口處：一樓外觀採用厚磚
石紋路，展現穩重氣勢，二樓兩側放置如蕨類的螺旋線條，搭配
頂端的圓弧曲線，使整體造型不會過度沉重（圖1-26）。相較於
此，朝向北方大馬路一面的出入口就顯得樸素許多，僅以多利克

壁柱為主要裝飾。兩道大門最大的共通點是，與方尖碑頂端雕像相同的圖像元素大量重複出現。

　　對於廣場造型，豐塔那僅以文字說明，結合當地道路系統，讓朝聖者看到一個寬敞、平坦、對稱的公共空間，正是教宗追求的效果：

圖1-26　拉特蘭宮面對廣場處之大門外觀。

前面提到在拉特蘭聖若望大殿前方的廣場，教宗加以美化的方式不僅是利用前述建築，還拆除了附近老舊建物與殘骸，並連接極為寬敞筆直的道路，舖平教堂旁凹凸不平的地面。……將原先顯得相當不起眼的地方，裝飾、美化成全羅馬城最美麗的景點之一。[13]

13 La sopra detta piazza di San Giovanni Laterano e' stata abbellita da Nostro Signore non solamente con le sopradette fabriche; ma ancora col gettare a terra le fabriche antiche, e rouinose come sopra s'e'detto, e col far portar via grandissima quantita' di terra per spianarla, ch'in molti luoghi era dove data, e doue bassa, e soperchiaua il piano della Chiesa,...., come si dira' poco appresso, a tale, che non quasi miracolosa trasformatione d'oscuro, e deforme luogo al presente e' fatto il piu' bello, e adorno, che sia nella Citta' di Roma

　　最後才豎立起來的費拉米尼歐方尖碑，位於羅馬城北方的波
波洛廣場，正對著三岔路口上的中央道路費拉米尼亞路。為了展
現費拉米尼歐方尖碑的外觀，豐塔那特別準備了《梵蒂岡方尖碑
搬遷工程》一書中最華麗版畫(圖1-27)。由左而右依序是方尖碑的
北、東、南、西等四面。細節處的描繪相當精細，無論是刻在上
面的象形文字、方尖碑頂端的雕像，甚至是基座上的拉丁碑文都
清晰可見。其中一段當代刻上的拉丁碑文，向觀者簡介這座方尖
碑的過去與現況，並再次強調基督宗教戰勝異教的核心概念：

教宗西斯圖斯五世
命令將這座方尖碑挖掘出來—
凱撒‧奧古斯都
在不神聖的儀式中獻給太陽豎立在大賽馬場後
斷裂且埋在可悲的廢墟中—
移動且修復原來美貌
獻給永恆不敗的十字架
在西元1589年
他的第四年任期[14]

---

14 SIXTUS V PONT MAX
　　OBELISCUM HUNC
　　A CAES AUG SOLI
　　IN CIRCO MAX RITU,DICATUM IMPIO
　　MISERANDA RUINA
　　FRACTUM OBRUTUMQ
　　ERUI TRANSFERRI
　　[f]ORMAE SUAE REDDI
　　[c]RUCIQ INVICTISS
　　[d]EDICARI IUSSIT
　　[a m] D LXXXIX PONT I[v]

圖1-27

豐塔那以全版面版畫繪費拉米尼歐方尖碑的外觀，畫面裝飾頗有巴洛克風格。在方尖碑之間、上有聖人雕像的兩座古羅馬圓柱，也是當時的成果，同樣是為了「淨化」古典多神教成分，宏揚基督宗教勝利的精神。Fontana, *Della Transportatione dell'Obelisco Vaticano e delle Fabriche di Sisto V*.

　　方尖碑之間各穿插著圖拉真圓柱（左）和奧里略圓柱
（右），上方分別安置聖保羅與聖彼得雕像，意義與方尖碑頂端
的十字架有異曲同工之妙。中間的長串文字說明，內容大意為方
尖碑的歷史，以及教宗將此獻給上帝和十字架的神聖舉動。圖說
外框有華麗裝飾，處處散發隆重感；最上方的教宗個人盾徽由兩
個小天使肩托著，其正下飾以逐漸內縮的貝殼狀紋路空間，再安
置代表教宗的三重冠。至於費拉米尼歐方尖碑的周圍環境，教宗
和豐塔那並沒有多做建設，很顯然的，他們非常滿意現況：「這
座方尖碑物處相當美麗、寬敞的地方，也就是波波洛城門正前
方，羅馬城最美麗的出入口。」[15]

　　方尖碑本身已有著高聳、宏偉的外觀，如果還設置在空曠
整齊之處，更加適合作為城市地標，以及展現宗教理念的朝聖地
點。假使你是位17世紀初的旅人，千辛萬苦抵達羅馬時，透過波波
洛城門就能注意到充滿異國風情的方尖碑。正式入城後，你決定先
前往聖彼得大教堂，一路往南抵達聖天使堡時再往西，不久後還能
看到另一座方尖碑，宣告已經抵達此行目的地之一。稍做休息要前
往城市東半邊的聖母大殿時，新鋪設的菲利伽路會是絕佳選擇。當
地經過整理、開發後，沿途已出現不少商店、住宅，還有提供清新
水源的噴泉，平坦寬闊的道路想必也能減輕遙遠路途的負擔。一直
往南會遇到第三座方尖碑，在平坦的廣場上一眼認出重要的聖母大
殿。參拜之後再轉往聖若望大殿的方向，迎接你的會是一改殘破樣
貌、大幅更新過後的新廣場，周圍有個宏偉宮殿，而方尖碑後方還
有極為對稱的祝禱迴廊(圖1-28)。

---

15 Questa Guglia e' situata in bellissimo, e vaghissimo sito per rispetto, che sta
　　dirimpetto la porta del Populo, la quale ha la piu' bella entrata di Roma.

圖1-28
17世紀中葉羅馬城市地圖中的方尖碑。可看出方尖碑四周往往都有著
空曠廣場，重要公共建築也座落在附近，相當具有指示方位、地點的
功能。值得注意的是，繪圖者略為誇大了方尖碑的尺寸，有可能是為了
刻意強調所在位置，或是展現現場觀看的震撼效果。原圖出自：Merian,
ROMA.

　　豐塔那的《梵蒂岡方尖碑搬遷工程》一直有意強調「實用
性」、「視覺美感」與「宗教理念」，共同組成了西斯圖斯五
世改造羅馬時的根本原則，三者缺一不可。綜觀當代歐洲大城，
確實鮮少有城市能像羅馬這樣，如此大規模地整建城市紋理，道
路、廣場與方尖碑恰如其分地結合在一起，共同打造令全歐洲聚
焦的朝聖大城。

　　西斯圖斯五世在改造羅馬城時，豐塔那始終扮演著不可或缺的核心人物。但同樣重要的大概就是豐塔那日後出版的《梵蒂岡方尖碑搬遷工程》，也將他的理念與想法完整紀錄下來，不因時間洪流而顯得模糊。以至於到了今日，後人還能夠近距離觀看西斯圖斯五世的理念，輕鬆想像當年場景。持平而論，該書固然有著極高史料價值，卻不是可讀性高的作品。內容大半牽涉到施工過程，或是單純描繪建物樣貌，許多地方讀起來就像流水帳般枯燥乏味。所幸書中版畫彌補了這些缺失，甚至將幾項較為複雜的部分直接以視覺圖像示人，免去閱讀上的諸多困難。

　　不過或許正因為這些版畫在豐塔那的理解中，是用以補助文字的「圖說」，許多時候不會在意物件背景或周圍景觀。就像是介紹艾斯奎利諾方尖碑和拉特蘭方尖碑時，頂多放上一些行人說明尺寸比例，順道展示當代人的好奇心。而在部分版畫中，更是穿插著為方便觀察，將實景圖與平面圖放置在一起的奇異構圖，反而容易造成視覺感受上的相互干擾。關於聖彼得廣場的版畫，更是大量簡化周圍環境，將之理想化後的想像情境。

　　然而，無論《梵蒂岡方尖碑搬遷工程》的版畫有何不足之處，都無法否認這是一本極度依賴視覺感受的著作，尤其以細節表現、版畫數量以及資訊完整度而言，在在具備了其它資料難以取代的重要性。更可隱約看出一個重要時代潮流：當代版畫印刷技術的發展，使大量圖像創作變得更加便利。豐塔那身處在版畫日漸盛行的年代，也利用這項新技術，紀錄了羅馬在世紀之交面臨的重大改變，特別是方尖碑何以能夠變成帶來救贖的新地標。這種將資訊視覺化的過程，在日後也將會是認識羅馬城市景觀的關鍵。

4.

改造羅馬的開端

　　就許多面向來看，西斯圖斯五世的都市計畫並非憑空想像，而是繼承自過去一個世紀以來，眾多藝術家與教宗所做的努力與經驗累積。不可否認的是，先前的都市改造工程多是局部性規劃，且大多集中在羅馬城西半部；但也因為這些努力，西斯圖斯五世與豐塔那才得以更專注在其它地方。想必他們兩人非常清楚知道，縱使每位前任者的理想、規劃都不盡相同，道路、廣場、宮殿與教堂卻始終是改造羅馬的基礎。這些元素看來簡單，但只要經過精心規劃，往往能創造出不同於過去的新氣象，近現代羅馬便在16世紀教宗統治下於焉誕生。

　　雖貴為歐洲基督宗教信仰的朝聖中心，15世紀末的羅馬顯然不是個適合生活的地方。許久以來大量人口聚集在台伯河畔，在缺乏妥善管理、自由發展的情況下，當地道路往往都是彎曲小巷，又常常需要應付大批朝聖者。對於城市形象或是教宗聲望來說，現有道路更是顯得不甚體面，急需改善。

　　羅馬在15世紀末迎來許久一次才舉辦的禧年（Jubilee），來
自全歐洲的朝聖者急忙湧入。當時的教宗西斯圖斯四世（Sixtus
IV, 1414-1484），在台伯河較為下游的地方另外興建西斯托橋，
用於緩解瞬間湧入的大量人潮，順道作為讚美自身功績的紀念物，
如同橋上右側碑文提到：

> 為了羅馬居民，以及在禧年來此的無數參訪者
> 教宗西斯圖斯四世
> 在精心規劃以及耗費不少資源後重建這座橋的地基
> 在此之前人們很恰當地稱為「破橋」
> 如今以教宗之名稱為「西斯托橋」[16]

左側碑文接連說道：

> 西元1475年
> 跨過西斯圖斯斯四世 —— 我們至高與至善的教宗
> —— 之恩惠的人啊
> 請向上帝祈禱他能長伴我們左右
> 如果你已經祈禱了
> 無論你是誰，祝你好運 [17]

---

16 xystus iiii pont max
　　ad utilitatem p ro peregrinaeque multi
　　tudinis ad iubileum uenturae pontem
　　hunc quem merito ruptum uocabant a fun
　　damenis magna cura et impensa resti
　　tuit xystumque suo de nomnic appellari
　　uoluit

17 m ccc lxxv
　　qui transis xysti quarti beneficio
　　deum roga ut pontificem optimum maxi
　　mum diu nobis saluet ac sospitet bene
　　uale quisquis es ubi haec precatus
　　fueris

西斯圖斯四世還主導城內部分道路的修繕計畫，改善朝聖者需要用到的公共設施。一切意在改善城市生活機能，同時向世人宣示，教宗擁有管理這座城市的能力與資源。這種規劃思唯一直延續下去，成了不少教宗在處理羅馬城市發展時的主要考量。

邁入16世紀後，朱利烏斯二世是第一位對羅馬有重大影響的新任教宗。他脾氣暴躁、親自上場打仗，行事作風宛如世俗君王。當他決定拆除有千年歷史的舊聖彼得大教堂時，召來許多人的不滿，當代著名學著伊拉斯莫斯（Erasmus von Rotterdam, c. 1466-1536）便曾撰文諷刺。但事實上，朱利烏斯二世的決定自有其道理：教堂經過長時間使用，多處殘破不堪，牆壁出現明顯傾斜，隨時有倒塌的可能性，原地重建會是個實際許多的方案。另一方面，梵蒂岡地區的重要性更是主要因素。

早在中世紀時，梵蒂岡因鄰近鬧區、便於防守，又是聖彼得大教堂的所在地，整體地位在羅馬城內不斷上升。15世紀的教宗仍相當看中這個區域，為之投入不少心力。例如教宗尼可拉斯五世（Nicholas V, 1397-1455）曾計畫推動大規模改造工程，除了修繕聖彼得大教堂，還在周圍舖設道路與廣場，連接遠在另一端的聖天使堡，兼具視覺美觀與交通實用性，但這項計畫因尼可拉斯五世逝世而終止。朱利烏斯二世也對梵蒂岡抱有莫大期待，接連在此推動兩項重大建設，重建聖彼得大教堂即為其中之一。

長久以來，教宗建構其至高權威的依據之一，來自於「聖彼得繼承人」之身分，冒犯教宗如同冒犯聖彼得與耶穌。要證明這點，重建聖彼得大教堂，並守護教堂內的聖彼得陵墓是相當引

人注目的舉動。因為這座教堂的意義非凡，該以何種新樣貌示人
是個重要議題。朱利烏斯二世最重用的建築師布拉曼帖，推薦採
用頗受當代藝術家喜好的集中式平面佈局(圖1-29)。其完美對稱
的造型，被認為最能與上帝真理相互呼應，更添非凡意涵；問題
是，無論就實用性或歷史象徵意義而言，集中式設計卻又與教會
傳統格格不入。決定以教堂強調教宗與聖人之傳承關係的朱利烏
斯二世，最終還是否決了布拉曼帖的建議，採用契合傳統、具備
狹長中軸線的巴西利卡式平面佈局。西元1506年，教宗放下新教
堂的第一塊基石，工程正式開始，但因為規模過於龐大，舊教堂
的許多部份仍未拆除，好長一段時間新舊並存，行成獨特的景象
(圖1-30)。

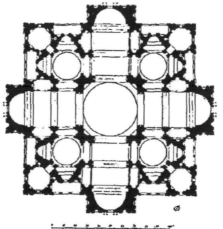

圖1-29
建築師布拉曼帖針對重建聖彼得大教堂，所提出的集中式平面設計，擁
有完全對稱的效果，但因為種種因素未獲教宗採納。原圖出自：Palustre,
L' Architecture de la Renaissance.

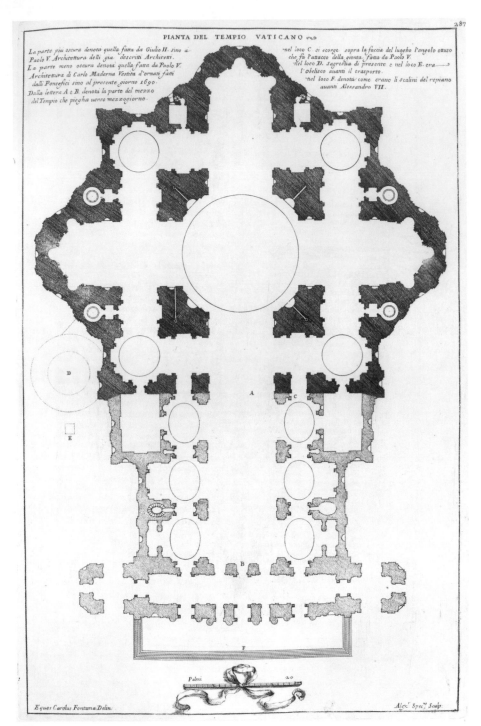

PIANTA DEL TEMPIO VATICANO

圖1-30

在17世紀初，當時的教宗繼續更動聖彼得大教堂的設計。在米開朗基羅的設計（深色）上，加上一道狹長的中殿與顯眼大門(淺色)，使教堂較偏向傳統的巴西利卡式平面佈局。原圖出自：Fontana, *Il TEMPIO VATICANO E SUA ORIGINE: Con gl'Edifitii più cospicui, antichi, e moderni fatti dentro, e fuori di Esso.*

幾乎是在重建聖彼得大教堂的同時，朱利烏斯二世在梵蒂岡北側，建設規模同樣極為龐大的美景庭。此處原本只是一塊北高南低的山坡地，最北端有個別墅，南端緊鄰教宗作為日常起居與辦公處的宗座宮殿。負責工程的布拉曼帖以這兩棟建築為終端，在東西兩側建設一至三層不等的筆直建築，外觀採用大競技場的設計，相同造型的拱門與壁柱多次重複出現。新建築圈起來的空間保留原始地貌，區分為南北兩塊、高低不同的基地，中間再以階梯連接。地勢較低的南側多用作娛樂場地，例如劇場、鬥牛場等，而北側高地則規劃成寧靜花園（圖1-31、1-32）。

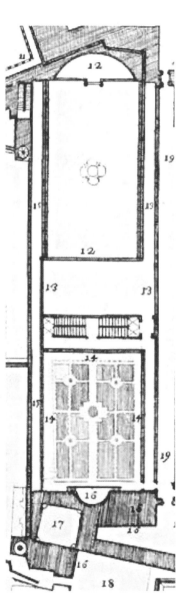

圖1-31(右)　美景庭的平面圖。中間有一棟16世紀末另外增建、切割南北的圖書館，隔絕一覽無遺的視覺感受，破壞布拉曼帖原先想塑造的效果。原圖出自：Fontana, *Il TEMPIO VATICANO E SUA ORIGINE: Con gl'Edifitii più cospicui, antichi, e moderni fatti dentro, e fuori di Esso.*

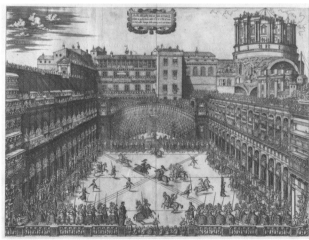

圖1-32(上)
出版於16世紀中業的版畫，描繪美景庭的南側，當時正在舉辦馬上比武，右後方的聖彼得大教堂尚未完工。原圖出自：Lafreri, *Speculum Romanae Magnificentiae.*

論及「美景庭」的規模與功能，自從羅馬帝國滅亡後，羅馬城內便從未出現可與之比擬的宮殿。從布拉曼帖積極研究古代遺跡的情況來看，很有可能是從古代宮殿遺跡獲取靈感，試圖為教宗套上古羅馬皇帝的形象。畢竟過去數個世紀以來，歷任教宗毫不避諱在眾人面前表示，自己也是古羅馬皇帝的繼承人，擁有不可挑戰的世俗權力。即便捨去這層歷史意涵，一但工程完成，教宗也將擁有一個環顧全羅馬城無人可及的宮殿，其想傳達的政治理念依舊不言可喻。

因為規模過於浩大，直到朱利烏斯二世在1513年逝世前，聖彼得大教堂和美景庭的完工日期看來仍是遙遙無期，只待後續教宗接手完成。尤其教堂的命運多舛，在後續教宗李奧十世、保羅三世手上多次修改設計圖，途中還遭遇宗教改革、羅馬遭受劫掠等歷史大事而延宕工程，最後花了一個多世紀才終於宣告完工，這還不包括前方廣場與內部裝飾。但無論如何，透過這兩大建築工程，不難望見朱利烏斯二世將梵蒂岡打造為城市中心的強烈企圖。況且還有許多文藝復興的藝術大師，也在他的要求下紛紛於此地留下傳世傑作。如果我們能夠回到16世紀初的羅馬，正散發出莫大宗教、政治與文化潛力的梵蒂岡，絕對值得特地前往遊覽。

眾多人口聚集在擁擠的河邊巷弄，再加上梵蒂岡無與倫比的重要地位，16世紀初的羅馬城市規劃自然集中在台伯河沿岸。當時做法預告了接下來的發展重點：以寬敞筆直的道路連接重要地區，並搭配某些特殊建物，打造別具意涵的城市景觀。

西元1512年，一座獻給朱利烏斯二世的碑文豎立在羅馬城內，以刻意仿效古典風格的拉丁文，讚美他的文功武治，並「依據如同龐大帝國的氣勢，利用寬直道路美化羅馬，其曾經顯得殘破不堪缺乏秩序」[18]。 提到朱利烏斯二世的道路建設，兩條沿台伯河岸、相互平行的朱利亞路和露加拉路最有影響力。朱利亞路位於河流左岸，南端接續西斯圖斯四世興建的西斯托橋，往北一路跨越羅馬鬧區，直接抵達聖天使堡附近；露加拉路則貫通河流右岸的另一鬧區特拉斯特維列，同樣也是往北延伸。

這兩條新道路直接回應羅馬城在發展上的現實需求。新舊道路在視覺感受上的差異，清楚紀錄在16世紀的羅馬城地圖，即便不用身處其中，也能輕易想像為城市鬧區提供了南來北往的便捷性。寬敞道路也有美化城市景觀的功能，附近更接連出現華麗宅第，像是法爾內塞家族的法爾內塞宮，至今仍是許多人特定造訪的知名景點。

---

18 IVLIO II PONT OPT MAX QVOD FINIB
   DITIONIS S R E PROLATIS ITALIAQ
   LIBERATA VRBEM ROMAM OCCVPATE
   SIMILIOREM QVAM DIVISE PATEFACTIS
   DIMENSISQ VIIS PRO MAIESTATE
   IMPERII ORNAVIT
   AEDILES F C MDXII

　　朱利烏斯二世之後，由出身麥地奇家族的教宗李奧十世
（Leo X, 1475-1521）繼續羅馬城市建設，將目光轉向城市北方的
波波洛城門。以當時的情況而言，穿越這個城門後，會先遇到一
個空地連接古老的費拉米尼亞路，通往遙遠的卡比托林山，經過
的地方幾乎處在城市鬧區邊緣，無形中降低實用性。如果想前往
梵蒂岡或沿岸鬧區，只能屈就於空地西側的不連貫道路。

　　在旁人建議下，李奧十世拆除城門附近的建築，開闢出波
波洛廣場，並打通廣場西側的道路，依據自己的名字命名為李奧
尼納路。此後當參訪者進入羅馬後，會先看到比起以往寬敞許多
的廣場，隨後有全新道路指引他們前往城市鬧區（圖1-33）。李
奧十世在道路鋪設期間多次前往視察，有點好大喜功的他，認為
舊街道過於狹窄，既不美觀也不實用，不斷催促負責人應盡快完
成。在羅馬城內，一段紀念李奧十世的碑文再次將城市建設的公
益性，視為評量教宗的重要標準：

> 放置這尊雕像以紀念教宗李奧十世
>
> 其俗名為喬萬尼・麥第奇
>
> 因為他修繕、美化羅馬
>
> 促進宗教與藝術發展
>
> 拔擢樞機主教，減免稅收
>
> 給予慷慨贈禮
>
> 由羅馬元老院暨羅馬公民豎立。[19]

---

19 OPTIMO PRINCIPI LEONI X
　MED IOAN PONT MAX
　OB RESTITVTAM INSTAVRATAMQ
　VRBEM AVCTA SACRA BONASQ
　ARTES ADSCITOS PATRES
　SVBLATVM VECTIGAL DATVMQ
　CONGIARIVM
　SPQRP

　　整體來看，教宗改造羅馬城的手法簡單易懂，不過隨之而來的效益極為龐大，對當地居民如此，對教宗而言更是如此。當人們有更好的生活機能時，教宗能順勢博取美名，那些獻給朱利烏斯二世和李奧十世的碑文絕非毫無道理可言。比起不斷口頭宣傳教宗如何偉大，改造城市讓人直接體會到好處，顯然是有用許多的方法。

　　利用公共建設展示統治者能力的手段有著悠久歷史，並非16世紀所獨有。古羅馬初代皇帝奧古斯都（Imperator Caesar Divi F. Augustus, 63 B.C. - 14 A.D.）留下一部名為《神君奧古斯都的功績，他將世界置於羅馬人民的帝國之統治下，以及他為國家及羅馬民眾所做的付出》的手稿，逐條記載他的政績，包括在羅馬城內陸續修繕的多項公共設施。大批數字與清單意在強調，他對羅馬帝國與人民做出了不可質疑的貢獻。部分內容還刻成碑文，放置在奧古斯都陵墓前供人們不斷回顧。雖然身分迥異，但朱利烏斯二世和李奧十世身為羅馬城的統治者，還是可以在他們身上看到相同邏輯，之後諸位教宗的所作所為都是如此。豐塔那形容西斯圖斯五世的用字遣詞或許過於溢美，卻也相當符合那個時代的特色。

圖1-33
連接波波洛廣場與城市鬧區的李奧尼納路，筆直地緊靠著台伯河岸。原圖出自：Piranesi, *PIANTA DI ROMAE DEL CAMPO MARZO.*

5.

16世紀教宗的挑戰與回應

　　16世紀羅馬在教宗主導下，邁入大肆改造、擴建的年代，處處充滿蓬勃發展的氣氛；不過從歷史背景來看，這代表的反而是教宗面臨了日漸嚴峻的外在環境。透過羅馬展現的形象，與其說是反應現實，還不如說是教宗試圖塑造的理想。

　　統一地中海世界的羅馬帝國在西元5世紀滅亡後，歷代教宗利用局勢在義大利取得世俗領地，更積極爭取可與神聖羅馬帝國皇帝平起平坐，乃至於直接超越的權勢地位。在好長的一段時間，教宗的宗教聲望主導了許多政治衝突，就連皇帝也被迫讓步。

　　教宗的地位因時勢而起，卻也因時勢而重摔。最晚至14世紀，歐洲各地的世俗統治者更有效率地掌握國家資源，以強勢軍力挑戰教宗。在法國國王的要求下，教宗竟然放棄了關係密切的羅馬，將整個教廷遷至法國。歷經數十年後，教宗幾經波折才終於返回羅馬，但不久後教會內部卻又陷入分裂，同一時間點共有三個人宣稱自己才是合法教宗。

　　受夠持續不斷的醜陋鬥爭，有識之士決定在1414年組成大公會議。歷經四年討論，會議將不適任者除名，選出唯一的教宗馬丁五世（Martin V, 1369-1431），終結分裂局勢。這場會議也想確立一項重要原則：大公會議的地位應當高於教宗，且後者應定期召開會議。此例一出，無異於與教宗長久以來想展現的形象相違背，教宗與會議派人士又陷入另一場爭辯。西元1460年教宗庇護二世（Pius II, 1405-1464）正式頒布敕令，宣稱教宗才是教會最高領導者，不受大公會議牽制。這項爭議看似就此平息，卻從未完全消失於世人心中，在日後不時被當作是抵抗教宗的理論依據。毫無疑問的，15世紀教宗的權勢地位無論就現實或理論上而言，都不再像過去一樣不可質疑。

　　同樣嚴重的威脅來自地中海的另一端。鄂圖曼帝國在1453年攻下君士坦丁堡，幾乎整個東地中海盡在土耳其的勢力之下。他們的船艦在不久後會繞過希臘半島，橫行於地中海各地，大肆劫掠一番。如同一盤散沙的歐洲各國，根本無法聚集力量共同抵抗。羅馬雖在內陸，但伊斯蘭海盜深入義大利半島發動攻擊的可能性，一直縈繞在許多教宗的心頭。

　　更直接的敵人還是來自歐洲內部。教宗回到羅馬後，與威尼斯、佛羅倫斯和米蘭等主要國家相互制約，在義大利享受一段穩定、和平的時光。15世紀末，北方強權法國跨越阿爾卑斯山，準備進入義大利擴張勢力；不久後，哈布斯堡家族也將進入這座半島爭取更大利益。教宗固然可以持續對外宣稱他是聖彼得的繼承人，但如果無法妥善應對與這兩大強權的關係，任何理想都只是空談。

圖1-34　席耶那的鄉野廣場，有塔樓的建築為當地市政大廳。
圖片出處：https://goo.gl/QzXMGq　拍攝者：the very honest man

　　面臨這些威脅時，教宗一方面致力於改革行政、財務與軍事
體制，另一方面則以藝術宣傳形象。如果佛羅倫斯是文藝復興的
發展先鋒，那麼羅馬就是最耀眼的後起之秀。從15世紀中葉起，
教宗積極贊助來自歐洲各地的人文學者和藝術家，借用他們的長
才協助教廷事務，並創造有利於宣揚形象的作品。米開朗基羅
和拉斐爾在這樣的背景下先後來到羅馬，留下舉世聞名的作品。
至於這些形象宣傳的題材，也是從許多地方獲取靈感，其中之一
即來自基督宗教本身。教宗始終未曾放棄宣傳與聖彼得的傳承關
係，或是利用《舊約》內容，將自己比喻成受上帝眷顧的先知。
這種類比方式大量運用在各種藝術作品，以供眾人「閱讀」。到
了16世紀，如同前述，則是藉由重建聖彼得大教堂的方式，在最
大程度上擴大宣傳效果。

　　另一個靈感來自歐洲其它城市的規劃實驗。長久以來，歐洲
人一直追求著富含秩序感，甚至是絕對對稱的城市景觀。在13世
紀末，席耶納市政府重新規劃作為市政大廳的公共宮，及其前方
的鄉野廣場。公共宮共四層樓，中央有個突出塔樓，與廣場中軸
線的位置相當靠近，共同形成整個區域的對稱點(圖1-34)。

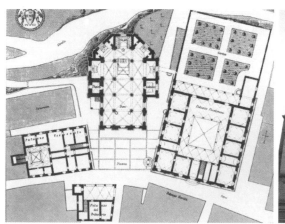

圖1-35
皮恩察的庇護二世廣場平面圖。原圖出自：L.H.，"Pius II als Bauherr von Pienza".

圖1-36
皮恩察主教座堂的立面，其造型有助於營造庇護二世廣場的對稱感。原圖出自：https://goo.gl/R73vdG　拍攝者：Helena

　　一個較為晚期的例子建於15世紀中葉，位於皮恩察的庇護二世廣場。皮恩察主教座堂位於廣場正中央，立面共有三個圓拱型開間。假使面對教堂，廣場左側為維斯科維利宮，右側則是皮科洛米尼宮，功能與造型不盡相同，卻都以相似角度交會於廣場周圍。三棟建築合而為一，創造出幾乎無可挑剔的對稱景觀，實現了當代人對於「理想城市」的期待(圖1-35、1-36)。

　　各式各樣的前例不斷告訴教宗與他的藝術家，要展現權威或特定理念，城市空間也是值得考量的媒介。席耶納的鄉野廣場有賴人為管理方能成形，展現當地政府有系統性的行政組織；庇護二世廣場的規模不大，卻是在述說一種流行於當代知識界，富涵宗教與哲學觀的宏大精神：對稱、秩序的城市景觀，等於上帝真理的具體表現。城市空間相對精緻的藝術作品，能夠容納更多「觀賞者」，在宣傳力道上可說是有過之而無不及。從客觀角度來看，還能兼顧城市發展所需，一舉數得。因而，整頓羅馬城成了教宗回應外在挑戰時的選項。

在維護教權的工作上，朱利烏斯二世是相對成功許多的教宗。他成功壓制羅馬城內的自治團體，收復教宗領地，更在1513年擊敗法國軍隊後，不禁興奮說道：終於拋開野蠻人的枷鎖。無怪乎他的城市計畫，除了宗教企圖，在某種程度上也結合帝國意像。教宗李奧十世有著同樣企圖心，對於聖彼得大教堂的重建工程後提出一項額外要求：應當盡可能擴大規模，方能彰顯權威與財富，這種想法跟急於整頓李奧尼納路的態度，沒有本質上的差別。

朱利烏斯二世死後不久，馬丁‧路德（Martin Luther, 1483-1546）公開質疑教會的聲明，引發一個比起過去都還要嚴峻許多的局面，也就是日後所謂的宗教改革，以及永無止盡的宗教戰爭。樂觀的李奧十世一開始並未認真面對，只將他當作是眾多好議論者之一，因而錯失了認真面對質疑的機會。路德完全否定教宗與天主教會把持的宗教儀式，因為他相信，獲得救贖的關鍵是個人信仰，而非陳舊的儀式活動。這無異於直接否定教宗權威，僅承認上帝、《聖經》為唯一準則；從神學教義打擊天主教會的做法，嚴重性絲毫不下於世俗政權的軍事力量。從今而後，無論是世俗還是宗教領域，教宗唯一且至高地位都不復存在。當天主教會終於打算認真處理時，一切早已遠超出他們所能控制。

更大的災難發生在1527年。當年法國與哈布斯堡家族（當時控制著西班牙與神聖羅馬帝國）的競爭在義大利引起一連串混戰，

導致神聖羅馬帝國的軍隊攻陷羅馬、大肆劫掠，曾讓羅馬更顯尊榮的藝文活動頓時停止。教宗只能躲在聖天使堡內，無力地張望這些士兵帶來的破壞。許多知識份子與藝術家急忙逃離羅馬，趕不及離開的飽受折磨虐待，耐心等待親朋好友交付大筆贖金。

1534年，教宗保羅三世上任。他小心翼翼地處理與歐陸強國的外交關係，盡可能保持中立，避免再現1527年的困境。保羅三世還必須認真處理新教勢力帶來的威脅，在多番考量下，於1545年召開「特蘭托大公會議」。該會議除了改革教會弊端，還致力於反駁路德的批評。教會再次聲明，《聖經》並非基督宗教的唯一依據，也有許多核心價值來自於不成文的教會傳統，路德的認知根本不是一個基督徒該有舉止。議會的最終目標清楚明確，要確保教宗依然享有宗教威望外，消滅異端與宗教衝突，重新確認一個柵欄裡只會有一個牧羊人。

保羅三世面對的問題都難以在短時間內解決，但並未忘記教宗應盡的義務。在他的主導下，羅馬城走出了1527年的重挫，許多藝術家再次齊聚羅馬，漸漸出現了論規模、內涵，絲毫不下於前人的城市發展。羅馬的繁榮根本無法反應教會現況，但正是在如此艱難的環境中，創造出兼顧實用性、藝術美感與宗教精神的羅馬城才顯得更有必要性。如同當代的文獻已然提示，教宗的貢獻突顯出，即便他們不是至高無上的統治者，也是應受人尊敬的宗教領袖。

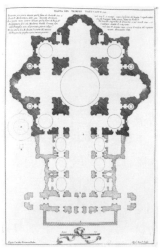

當教會遭遇多項挫敗時，因經費短缺，教宗暫時擱置聖彼得大教堂的工程，直到保羅三任命米開朗基羅（Michelangelo di Lodovico Buonarroti Simoni, 1475-1564）為負責人後，才又重啟計畫。這位性格堅毅的藝術家，一反前幾年以巴西利卡式為主要設計的趨勢，回頭採用集中式佈局；雖然他打從心底討厭布拉曼帖，兩人在建築風格上的喜好卻是相當一致。在此之後，米開朗基羅的設計一直深深影響到教堂外觀，直到今日依舊如此。

此外，米開朗基羅也著手卡比托林廣場的整建工程。他先是改造廣場正中央既有的元老宮，以及廣場右側的管理宮，並計畫在廣場左側興建與管理宮外觀完全一樣的新宮（圖1-37）。

圖1-37　經歷米開朗基羅重新設計過後的卡比托林廣場。原圖出自：Vasi, *DELLE MAGNIFICENZE DI ROMA ANTICA E MODERNA.*

　　至於羅馬城的基礎公共設施，保羅三世也多有建樹。繼李奧十世之後，保羅三世在波波洛廣場東側另外鋪設筆直的保羅利納路，直接通往城市東半部，結束在皮切諾山山腳下。利用寬直道路塑造視覺效果，早已是先前慣用手法，不過由三岔路口創造出的對稱城市景觀，可說是獨步當時歐洲的設計（圖1-38）。

　　從整體發展來看，保羅利納路也是自16世紀諸位教宗大規模開發羅馬以來，最早顧及東半部的現代化道路，以此為轉捩點，道路系統的發展邁向嶄新階段。庇護四世（Pius IV, 1499-1565）重新整修古羅馬道路而成的庇亞路，是一條橫跨東半部的大型道路；葛雷高里十三世在聖母大殿和聖若望大殿之間鋪設葛雷高里納路，連接城內兩大教堂。在此之後，西斯圖斯五世才在更大規模上，創設顧及整座城市的道路系統。

圖1-38
教宗保羅三世時期鋪設保羅利納路(最右側的筆直道路)，配合既有的兩條道路，使波波洛廣場形成一個有完美三岔路口的公共空間。
原圖出自：Piranesi, *PIANTA DI ROMAE DEL CAMPO MARZO.*

　　西元1585年，西斯圖斯五世正式成為教宗。向來關注天主教改革的他，在相關事務上始終盡心盡力。他在當選的同一年正式頒布一道敕令，聲明教宗有義務看管所有事務，要求各地主教定期前來羅馬，報告教區事務。同樣基於豎立教宗權威，在教會領地內採行了更嚴厲的法律以遏止犯罪行為。

　　在對外事務上，西斯圖斯五世也是以教會利益為出發點。隨著宗教改革的氣氛向外擴散，就連法國也不可避免地陷入新、舊教之間的衝突。在1572年，支持舊教的法國王室用計大肆屠殺新教諸侯，導致國內衝突越演越烈。西斯圖斯五世原先支持法王亨利三世（Henry III of France, 1551-1589），但後者在1589年遇刺身亡，新教徒亨利四世（Henry IV of France, 1553-1561）成為王位繼承人。西班牙國王見狀，強力要求教宗允諾他入侵法國，以解決宗教糾紛。局勢發展至此，西斯圖斯五世不想採取過於激烈的軍事手段，如果任憑當時最強大的西班牙介入，很有可能使法國成為其附屬。面對西班牙使節的逼迫，西斯圖斯五世大聲斥喝教宗並非西班牙的附屬，別多管閒事。數年之後，亨利四世改宗天主教，使這個歐洲大國留在教會懷抱。

　　從這些事情不難理解，何以西斯圖斯五世在位短短五年，卻能在羅馬留下如此深遠的影響。身為教宗，他擁有了在那個時代所必需的堅毅與活力。當時曾有人如此描繪西斯圖斯五世的生平事蹟：1585年，正當眾樞機主教票選新教宗時，兩派人馬僵持不下，遂決定暫時選擇看來將不久於人世的西斯圖斯五世。當他得知自己當選教宗後，馬上將柺杖丟到一旁，大聲下達命令。這則

故事雖多半是虛構情節，從中卻多少透露出西斯圖斯五世給世人的形象，是個中氣十足地看顧教會事務的年邁教宗。

如果早期教宗看到西斯圖斯五世的成果，或許會驚訝於實際規模，不過對於各種元素想必不會感到陌生。設計手法上，他大量採用筆直道路連接重要地點，以提供交通便利性，並在重要地點大興土木，打造別具意涵的城市景觀。這些建設力求將羅馬的形象變得更加壯碩、宏偉、繁華，竭盡所能地想要展現其作為歐洲朝聖中心，以及曾為帝國首都的氣勢。西斯圖斯五世並不排斥帶有濃厚異教色彩的事物，方尖碑經過重新詮釋後，轉入基督宗教的脈絡下，用來裝飾羅馬。或許在細節上與前人有所不同，但西斯圖斯五世都是為了讓羅馬成為規模甚大的宣傳舞台，在教權日漸低落的年代展示教宗的實際貢獻。

當然，改造城市之後的效果並非教宗與身旁人員說了算。所幸在當時，留有不少珍貴的文字及圖像史料，試圖以旁觀者的視野再現羅馬，並為我們留下了更多關於羅馬城的故事。一同見證16世紀羅馬是如何從中古城市，一步步轉換成歐洲建築藝術與城市規劃的經典案例。

6.

導覽手冊中的羅馬城

西元1588年，已出版了近半個世紀的著名導覽手冊《高貴羅馬城的驚奇光輝事物》（以下簡稱《高貴羅馬城》）再版發行，出版商還在新版本封面加了饒富趣味的版畫(圖1-39)。畫面右側坐著一個擬人化的羅馬城，身著完整軍裝，專心望向左側。他右手握著長矛，左手托著代表世俗權力的寶球，其上面站了一位手持桂冠的天使（或是勝利女神）。版畫左側，由兩個小天使托著代表教宗的華麗盾徽，中間鑲嵌西斯圖斯五世的個人徽紋。

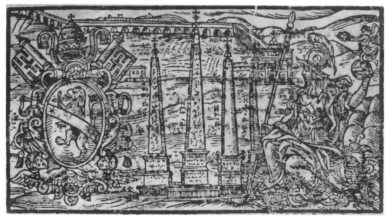

圖1-39　　1585年版本的《高貴羅馬城》之封面。
原圖出自：*LE COSE MARAVIGLIOSE DELL' ALMA CITTA' DI ROMA.*

西斯圖斯五世豎立的四座方尖碑位處畫面正中央，最頂端代表救贖的山丘和星辰雕像清晰可辨。背景是一片地勢起伏不定的荒地，遠方有一條水道由左側向右延伸，最後結束在摩西噴泉。這張版畫想表達的概念簡單易懂：在西斯圖斯五世影響下，羅馬已經與過去大不相同。新加上的副標題更是刻意，幾乎可視為獻給西斯圖斯五世的頌詞：「可在此看到至聖的教宗西斯圖斯五世促進眾人福祉、移動方尖碑、興建菲利伽水道，以及寬敞、方便的多條道路」[20]。1600年時，《高貴羅馬城》改版發行，封面主視覺和1588年的版本一樣，但副標題簡化許多，少去了對教宗的讚美，改以相當具有野心且貼切的字詞形容羅馬：「世界劇場」。

　　《高貴羅馬城》率先提到位階最高的聖若望大殿。文字內容不外乎是教堂的大致位置、歷史背景、奇聞軼事與現況，不過在此之前，先是放上一張版畫(圖1-40)。觀者視野由北方望向南端，位於正中央的建築物有兩座高塔，這裡即為日後建設祝禱迴廊的所在地。在尖塔左側位置，看來凌亂不堪的建築處，則是未來修建新拉特蘭宮的地點。展示在觀者眼前的空地，利用連續的圓弧狀線條，刻畫出凹凸不平的地貌。也就是說，這是在西斯圖斯五世時代以前的聖若望大殿與周圍景觀。

圖1-40
拉特蘭聖若望大殿的北側廣場，描繪教宗西斯圖斯五世改造前的模樣。原圖出自：*LE COSE MARAVIGLIOSE DELL' ALMA CITTA' DI ROMA.*

20 Dove si veggono il Movimento delle Guglie, & gli Acquedutti per condurre l'Acqua Felice, Le ample, & commode strade, fatte a' beneficio' publico, dal santissimo Sisto V. P. O. M

　　這幅版畫的構圖比起當代描繪城市景觀的繪畫簡單許多。
僅有細微的光影變化，樹木、人物、雲朵、地形樣貌與建物細
節等，都以簡單線條勾勒出來，以至於在有些時候喪失空間立體
感。即便如此，這幅版畫的存在突顯出，當時大量利用最新印刷
技術，從純粹視覺效果具體展現羅馬城市風貌，打破了在此之前
只能依賴文字的侷限。隨後提到的重要教堂，幾乎也都毫無例外
地搭配與之相應的版畫。縱然《高貴羅馬城》不是第一本運用印
刷技術的作品，卻也是最早一批以這種方式介紹羅馬城市現況的
導覽手冊。

　　既然《高貴羅馬城》的標題強調當代城市發展，方尖碑就必
定是焦點話題。正式介紹聖若望大殿後，另外放上了標題為〈拉
特蘭聖若望大殿方尖碑〉[21]的版畫(圖1-41)。方尖碑豎立在一片空
地上，上頭以各種線條表示古埃及聖書體，正後方則是豐塔那設

---

21 OBELISCVS S. IOAN. LATERANEN

圖1-41
拉特蘭方尖碑配合新建設的祝禱迴廊。
原圖出自：*LE COSE MARAVIGLIOSE
DELL' ALMA CITTA' DI ROMA.*

圖1-42
俯瞰聖彼得大教堂與梵蒂岡方尖碑在16世紀末
的情況。原圖出自：*LE COSE MARAVIGLIOSE
DELL' ALMA CITTA' DI ROMA.*

圖1-43
梵蒂岡方尖碑。原圖出自：*LE COSE
MARAVIGLIOSE DELL' ALMA
CITTA' DI ROMA.*

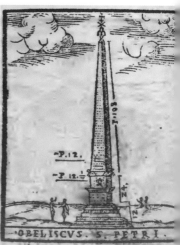

計的祝禱迴廊。仔細觀看，這張版畫的表現手法其實有點超乎現實。正常來講，任何一位行人實際所見，難免都會帶點仰望視角；但在這裡，觀者卻彷彿漂浮在半空中，一覽方尖碑與迴廊的正面。

版畫下方還有一段文字，除了簡單提到「所有的方尖碑，又稱為古阿利亞，都放至在教堂附近」[22]，其內容旨在說明因為不知道要將相關資訊放置何處，所以決定放在教堂的介紹之後，其它三座方尖碑也同樣處理。《高貴羅馬城》雖是一本以文字為主的導覽手冊，但圖像絕對佔有相當重要的功能。

對比聖若望大殿的版畫，介紹聖彼得大教堂的方式就生動許多(圖1-42)。畫面採用鳥瞰視野，從西方往東看去。方尖碑豎立在教堂正前方的廣場，視線往後延伸，首先遇到左右兩側有聖彼得和聖保羅雕像的入口階梯，繼續往後會遇到中世紀留下的正面入口，接著是廣闊中庭區域，最後抵達新教堂所在位置，望向那尚未完成的巨大穹頂。這張版畫注重方尖碑與周圍環境的關係，以特殊視野提供了在現實狀況下不可能看到的景觀。

針對第一座在16世紀羅馬豎立起來的梵蒂岡方尖碑，《高貴羅馬城》額外放上專門介紹外觀的圖說(圖1-43)。畫面中的物件只有方尖碑，四周附上可供參考的數字，下方有路人豐富圖畫內容，也可充當觀察大小的範本。1600年版本的《高貴羅馬城》，附上一小段文字說明方尖碑的歷史、西斯圖斯五世的動機，以及隨後的淨化儀式，並強調到此參訪之人都可獲得一定年限的特赦。

---

22 Si disegnava di mettere gli Obelischi, o' Guglia vicino alle Chiese, oue esse
　sono

　　正式介紹聖母大殿時，艾斯奎利諾方尖碑並未出現在版畫中。這麼做其實非常合理，因為這座教堂的正面朝向南方，方尖碑所在的北側其實是教堂背面。有鑒於此，《高貴羅馬城》以另一張版畫介紹方尖碑（圖1-44），觀看視野面向教堂南方，依舊採用略高視野，使觀者能聚焦在方尖碑和後方教堂。較為不同的是，教堂東側還有一座新禮拜堂，圖像比例略往左擴張，但還是可以看出方尖碑的位置正對著教堂中軸線。

　　《高貴羅馬城》介紹費拉米尼歐方尖碑時，出現一個有趣的時間差。在1588年的版本中，費拉米尼歐方尖碑放置在聖十字聖殿的介紹之後，隨後附上的版畫也以相同理解加以描繪；然而，方尖碑的豎立工程要到隔年才結束，換言之，書中內容只是預測性的新聞，尚未變成實際結果。或許是因為當年聽到最後一座方尖碑將要放置在那裡的消息，趕忙創作圖版，畢竟聖十字聖殿雖位處偏遠，卻在菲利伽路的終端，依舊有其重要性。這項錯誤直到1600年的版本才加以修正，正確地將費拉米尼歐方尖碑放在波波洛聖母聖殿旁。

　　費拉米尼歐方尖碑的相關版畫別具城市風景畫的韻味（圖1-45）。構圖方式依然是將方尖碑放置在畫面前景，下方有座噴泉擋住基座樣貌，最後面才是標示所在地的波波洛城城門。方尖碑與城門之間是個遼闊廣場空間，右側帶有階梯的建築即為波波洛聖母聖殿，形形色色的路人點綴著廣場，甚至還有一隻造型極為簡約的狗正跳向其中一人。翻閱《高貴羅馬城》全書，這張版畫是最有創意與生活感的作品。

圖1-44
艾斯奎利諾方尖碑與後方的聖母大殿。
原圖出自：*LE COSE MARAVIGLIOSE DELL' ALMA CITTA' DI ROMA.*

圖1-45
豎立在波波洛廣場上的費拉米尼歐方尖碑。
原圖出自：*LE COSE MARAVIGLIOSE DELL' ALMA CITTA' DI ROMA.*

　　接續教堂之後，《高貴羅馬城》的重心轉移至城內其它建築。這部分內容可分成兩大篇章，其一以橋樑、廣場、浴場等主題為分類依據，一一介紹城內古蹟；另一則是為期三天的城內古蹟遊覽建議路線。在1588年的版本中，版畫介紹也僅止於教堂部分，1600年的版本卻大幅度更新，為許多項目放上版畫。

　　新版畫可大致分為「現況描繪」、「復原樣貌」與「城市發展」等三種，例如聖天使堡便可歸類為第一種。聖天使堡本為古羅馬皇帝的陵墓，到了文藝復興時期，已經成為教宗防衛梵蒂岡時相當倚重的堡壘。版畫觀看視野站在聖天使橋的一側，隔著台伯河望向堡壘，幾乎已看不出曾為皇帝陵墓的過去，全然是個有層層防護措施的防衛據點（圖1-46）。著名的大競技場也可分在第一類，刻意表現較為殘破的西北角，建築體兩側根據透視法原則微幅彎曲（圖1-47）。素來以眾多古蹟聞名的羅馬廣場一帶，自然也是本書版畫不會忽略的對象，如實保留康士坦丁凱旋門、提圖斯凱旋門（圖1-48）與君士坦丁集會所殘破、雜草叢生的模樣。

　　第二類型的版畫，主要是重建部份古蹟的原始樣貌。例如在奧古斯都陵墓前方放上兩座方尖碑，建築體上有精心整理過的園林造景，跟實際看到的破敗模樣截然不同（圖1-49）。庇亞路旁的戴克理先大浴場，也是根據想像重新描繪最初風貌。

.CASTRVM. S. ANGELI.

.AMPHITEATRVM. VESPASIANI.

S.P.Q.R. DIVO
TITO.DIVI.VESPA
SIANI F. VESP. AVG°

.ARCVS. TITI. VESP.

.MAVSOLEVM. AVGVSTI.

| 原圖皆出自：*LE COSE MARAVIGLIOSE DELL' ALMA CITTA' DI ROMA.*

1-46	1-47
1-48	1-49

圖1-46　聖天使堡。

圖1-47　大競技場。

圖1-48　16世紀末的提圖斯凱旋門，現在所見樣貌其實是後來重建。

圖1-49　奧古斯都陵墓原始樣貌想像圖。

兩原圖皆出自：*LE COSE MARAVIGLIOSE DELL' ALMA CITTA' DI ROMA.*

圖1-50　摩西噴泉的立面。

圖1-51　卡比托林廣場。

　　最後一種類型的版畫，大量集中在西斯圖斯五世的城市建設上。方尖碑相關主題自然是其中重點，已出現的版畫在後頭又重複出現。此外還有紀念菲利伽水道竣工的摩西噴泉（圖1-50），以及放上聖人雕像的奧里略圓柱和圖拉真圓柱。前幾任教宗的建設也有少部分收錄其中，比如米開朗基羅設計的卡比托林廣場（圖1-51）。

　　從許多標準來看，《高貴羅馬城》的版畫絕對稱不上是精緻動人，但這無法掩蓋本書的大量圖像的確是文字之外，認識羅馬的重要媒介。裡頭的羅馬城市景觀依舊有著大量殘破、宏偉的古蹟，也有著難以數計的教堂，但同樣重要的是，還有許多最新的當代建設穿插集中，見證了在過去一個世紀以來，教宗所做的種種努力。尤其是在西斯圖斯五世時期豎立的方尖碑多次出現，從版畫中多少可以看出與周圍景觀相互合作，創造極具辨識度的城市景觀，

具有與古蹟、教堂相提並論的重要地位。在這樣的情況下，也就不難理解《高貴羅馬城》將方尖碑放置在封面正中央的動機。

除了《高貴羅馬城》，同一家出版商在1588年也再版發行了當代古物學者弗維歐（Andrea Fvlvio, 1470-1527）所著、帶有導覽性質的作品《羅馬城內古蹟》。當年還加上一個冗長的副標題：「附上精心的校正與補充，還有城內古代與現代建設的描繪，以及羅馬人費魯齊新增的附註，都是關於古蹟以及由教宗西斯圖斯五世建設與更新的重要事物」[23]，表明此次發行不完全複製舊有內容，報導了城市轉變的第一手資訊，特別是附加許多版畫。但可惜的是，與《高貴羅馬城》相比較可發現，大多數圖片都是出自於同一圖版。

《羅馬城內古蹟》先介紹羅馬城的歷史後，按不同建築類型，如城牆、城門、神殿與大浴場等一一介紹，由後人補述的現代化建設則不時穿插在這些篇章當中。考量到許多道路往往通往主要城門，最新道路系統的介紹便附屬在城門類別，其內容簡約而又不失重點，幾乎可視為16世紀下半葉的羅馬道路發展簡史。提及庇亞路、葛雷高里亞路及周圍建設後，《羅馬城內古蹟》將重心放在西斯圖斯五世創設的道路系統，包括道路連接的地區、通往方向，對於道路實用性留下非常正面的評價。以最重要的菲利伽路為例，本書如此評論：「教宗西斯圖斯五世在1586年開闢一條新道路，其直接從聖母大殿直達聖十字聖殿，可便利舒適參訪上述教堂。」[24] 接下來直接將道路規劃和公共利益畫上等號：「那條道路相當便利，為提升大眾利益與公共便利性乃是必要設施。」[25]

---

23 Di nuovo con ogni diligenza corretta & ampliata, con gli adornamenti di disegni de gli edifici Antichi & Moderni con le Aggivntioni & amotationi di Girolamo Ferrucci Romano, tanto intorno à molte cose antiche, come anche alle cose celebri rinouate & stabilite dalla Santità di N.S. Sisto V.

24 Sisto Papa V. Aperse l' anno 1586. la via, che va dale chiese di Sante Maggiore per retta linea all chiesa di Santa Croce in Gieusalem, molto commode & felice di va a' vistare le detta sante Chiese

25 la qual via è molto commodo, & mecessaria al comune beneficio, & publico commodità.

　　《羅馬城內古蹟》也相當重視方尖碑。在第四卷第三十章〈論方尖碑，也就是古阿利亞，及其造型〉[26]，花上比起《高貴羅馬城》多了十餘倍的篇幅講述遷移方尖碑的工程與故事，比豐塔那還要更早解釋教宗的動機：

　　教宗在去年費盡心力動員許多人力與資源後，終於將梵蒂岡方尖碑從原先位置——其在過去稱為cerchio或是hippodromo，也就是賽馬競技場，命名為蓋烏斯・凱薩賽馬場，後來又稱為尼祿賽馬場，在我們的時代則是神聖的聖彼得大教堂所在地——搬遷、豎立在現在看到的廣場正中央，直接面對聖彼得大教堂的大門，以作為永久紀念……並在方尖碑頂端放置聖潔的十字架。教宗他也想為羅馬的主要教堂和建築放置類似紀念物……　[27]

---

26 De gli Obelischi, cioe' Agulie, & della forma di quelli.

27 dopo hauer sua Santita' fatto rimuouere con gran meraviglia di tutto il popolo l'anno antecedente l'Obelisco Vaticano dalla sua prima sede, oue era: il qual luogo gia' fu detto il Cerchio ouero Hippodromo, cioe' il corso, o' maneggio de'caualli, di Cesare Caligola; & di Nerone Imperatori, & a' tempi nostri era tra la stupenda fabrica di S. Pietro, & il celebre cemiterio, detto da moderni Campo santo; & fattolo condurre, & alazare a' perpetua memoria, come si vede, nel mezzo della piazza, & a' diritto della porta maggiore della Chiesa, & basilica de' Principi de gli Apostoli; & delicato alla santissima Croce, la quale（solennmente vi fece porre nella sommita',...... volendo con pari affetto honorare le Chiese Maggiori, & principali della Citta' di Roma con altre simili singolar memorie, & monimenti.......

　　介紹方尖碑後，該書繼續在〈mole的外型，由木頭組成的機械，被稱作卡斯泰羅，用來搬運、放置梵蒂岡方尖碑，接下來也用來將大賽馬場、奧古斯都陵墓方尖碑放置在艾斯奎諾山和切里歐山〉[28]一章，說明豐塔那當年的工程手法，特地收錄卡斯泰羅的版畫(圖1-52)。畫面中只見一個三角形外觀的機械，左右兩側各有三組巨大支幹支撐，內部再分別由數根支幹強化支撐效果，機械最上方可見到三組滑輪組成的牽引裝置。內文進一步詳細說道，當初經過評選會議後，決定採用豐塔那的方案，這座卡斯泰羅便是用來執行屆時所需的所有過程。對照豐塔那後來的說法，這段內容鮮少有要修正的地方。

---

28 La Forma della mole, ouero machina di legno, che si chiamo' il Castello, con Il quale fu rimosso, abassatto & alzato l'Obelisco Vaticano, & poi vi furono alzati quelli del Cerchio Massimo, & del Mausoleo d'Augusto nell Esquilie, & nel Monte Celio.

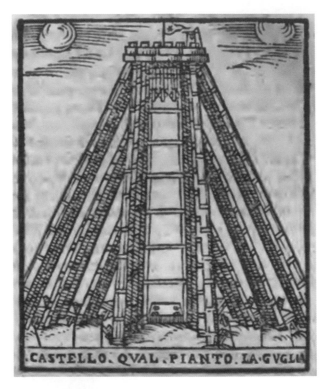

圖1-52　由豐塔那設計,用來搬運方尖碑的器械。原圖出自:*LE COSE MARAVIGLIOSE DELL' ALMA CITTA' DI ROMA.*

　　如果說所謂的劇場，是以一個特定空間為背景，用來展現故事的表演區域，那麼1600年版本的《高貴羅馬城》將羅馬比喻為「世界劇場」，可說是理所當然的聯想。這座城市的所有建築，共同點出那段令全歐洲魂牽夢縈的古羅馬帝國，以及處處震撼人心的現代發展，中間還有各式各樣的宗教、哲學、藝術或政治理念蘊含其中。即便觀看的是《高貴羅馬城》或《羅馬城內古蹟》的版畫，也絲毫未減這股濃厚的弦外之音，反而還會因為特別設計過的視野，更加注意背後意涵。「劇場」之於「羅馬城市景觀」而言，絕對不是單純的形容用詞。

　　就如同16世紀教宗總是有意識地以城市景觀作為宣傳場地，生活於此、經過於此的人既是觀賞者，也是表演者。透過《高貴羅馬城》和《羅馬城內古蹟》這兩本導覽手冊的視角可發現，對於16世紀的人們而言，羅馬城內的教堂與古蹟固然是重要的參訪目標，但近幾年來的城市建設也值得多加注意；書中內容不只一次讚美城市建設的美觀與便利性，一切反應就如同教宗所追求的效果。當然不是每一位教宗都會明確地將城市規劃和「劇場」概念連結在一起，但其出發點與實際成果往往都相去不遠，唯一的差別大概僅止於影響範圍的大小。

　　持平而論，從版畫著重的主題數量來看，16世紀的羅馬城市規劃尚且不如古蹟與教堂那麼引人興趣，在接下來一個世紀，這種情況將會劇烈改變。在此之後，將會是屬於巴洛克藝術風格的年代，羅馬城的轉變將更為徹底。隨之而來的版畫也呼應了當代風潮，以成熟繪圖技法，將羅馬誇飾成無可比擬的偉大城市。

巴洛克羅馬
與劇場城市

NVOVA PIANTA ET ALZATA DELLA CITTA DI ROMA CON TVTTE LE STRADE PIAZZE ET EDIFICII DE TEMPII
PALAZZI GIARDINI ET ALTRE FABBRICHE ANTICHE E MODERNE COME SI TROVANO AL PRESENTE NEL PONTIFICATO DI N.S. PAPA INNOCENTIO XI CON LE LORO DICHIARATIONI NOMI ET INDICE COPIO-
SISSIMO DISEGNATA ET INTAGLIATA DA GIO. BATTISTA FALDA DA VALDAGGIO ET DATE AL PVBLICO DA GIO. GIACOMO DE ROSSI DALLE SVE STAMPE IN ROMA ALLA PACE L ANNO 1676 CON PRIVILEGGIO DEL SOM. PONT.

1.

教宗與法達眼中的巴洛克羅馬

西元1665年，義大利版畫家法達（Giovanni Battista
Falda, 163-1678）出版了《在教宗亞歷山大七世的幸福
統治期間，現代羅馬城內建築的新劇場》（以下簡稱
《新劇場》）。這並不是一本觀賞劇場設計的書籍，
法達意在展現的，是教宗亞歷山大七世（Alenander VII,
1599-1667）之下、巴洛克羅馬的宏偉城市景觀，所謂的
「劇場」不僅是個譬喻，更是打從心底相信的意象。

最能展現劇場意象的地方，莫過於聖彼得大教堂前
的廣場(圖2-1)。法達捕捉到的場景，肯定不會令現代
世界的讀者感到陌生，因為此處已經告別了中世紀以
來的雜亂模樣，在貝尼尼（Gian Lorenzo Bernini, 1598-
1680）的改建下出現清楚明確的開闊空間。觀者視野
從教堂西南側的山丘位置眺望，事實上，這是個完全
虛構的角度，羅馬城內根本沒有任何山丘可提供如此
視野。法達的意圖相當明顯，他要讀者能一眼就能看
盡教堂與廣場的關係與效果。

i Basilica di S. Pietro.
2 Portici fatti da N. Sig
3 Palazzo Apostolico.

ZZA E PORTICI DELLA BASILICA VATICANA FATTI DA N.S.PAPA
ALESANDRO SETTIMO.
Per Gio Iacomo Rossi in Roma alla Pace 16 P del SP.

4 Obelisco del Circo di Caio, è Nerone.
5 Palazzo del Sant'Officio.

3

Gio Batta Falda fret f.

圖2-1　由亞歷山大七世下令興建，貝尼尼設計的聖彼得廣場，中間較短的柱廊其實從未動工。原圖出
自：　Falda, *Il Nuovo Teatro delle Fabriche et Edifici in Prospecttiva di Roma Moderna, sotto il felice pontificato di N. S. Papa Alessandro VII.*

　　聖彼得大教堂正面左右兩邊，分別各有一個柱廊向外（東方）延伸，先是構成一個四邊形空間後，再從南、北兩側以半橢圓形的弧度繼續擴散。柱廊採用巨大的多利克式圓柱為支撐，中間空出可遮陽避雨的走道。柱子正上方各有一尊聖人雕像，其姿勢、服飾、配件按照他們的故事不盡相同。廣場中心點落在方尖碑上，為參訪人潮提供顯著視覺焦點。

　　有趣的是，法達的版畫中還有第三個今日未見、位處廣場東側的柱廊，僅在左右兩側留下出入口，形成相對封閉的空間。法達在製作版畫當時，整個廣場仍在施工中，所以他依據的是設計圖上的樣貌，率先展示完工情景。在亞歷山大七世死後，設想中的第三座柱廊因經費有限停止建設，致使版畫與實際情況出現落差。

　　無論是否有按照原始計畫完成，在聖彼得大教堂前方設置這樣的廣場，已讓許多親眼看到的人，感受到不同於以往的輝煌氣勢。他們用了一個非常貼切的名詞加以形容新廣場：劇場。「那座巨大劇場的新建設」[1]、「那座劇場的新地基」[2]，諸如此類的說法屢屢出現在17世紀的記載中，這也是亞歷山大七世想塑造的城市印象，並透過法達的作品向外傳播。

　　在許多教宗及藝術家眼中，極為重要的聖彼得大教堂雖在17世紀初正式完工，很可惜的是，卻沒有可與之相襯的廣場。舊廣場確實存在不少問題，不僅空間過於狹隘，也缺乏遮蔽處，參訪著必須時常冒著日曬雨淋，更別提到缺乏規劃的景觀，打破教堂正面的視覺平衡感。在眾多現實考量下，促使亞歷山大七世決定著手廣場整修工程。相對的，這項工程也引來不少質疑聲浪，他們不無道理地指出，工程勢必要拆除許多民房、耗費甚大，更容

1　la nuova fabrica di quel gran teatro
2　nuovi fundamneti di quel teatro

易引起環境髒亂，但教宗並不打算因此改變主意。

　　早在15世紀的改建計畫中，曾將擴建廣場列入其中；但即便是在1506年正式開始重建時，相關規劃始終擱置一旁。教會光是應付新教堂的建設就已耗費大半資源，短時間內自然不可能顧及廣場部分。豐塔那將方尖碑放至廣場上時，也曾想像過廣場該有的新樣貌，從他略為模糊的設計可看出，寬敞、宏偉，且能夠襯托教堂是最主要的原則。

　　以當時背景來看，豐塔那的設計其實是將前人經驗融入其中，而貝尼尼的設計在一定程度上也是如此。

　　聖彼得廣場的設計者貝尼尼，可說是巴洛克羅馬的重要推手。他於1598年出生，一開始以雕像為事業起點，在不久後，教宗烏爾班八世（Urban VIII, 1568-1644）發現他的才能加以重用。因此之故，貝尼尼也開始接觸建築與空間規劃等相關工程。在下任教宗英諾森十世（Innocent X, 1574-1655）時期，他持續大放異彩，在納沃那廣場創造出極富動態感的噴水池。西元1655年，教宗亞歷山大七世正式繼任，對他的重用程度比起前兩任教宗更是有過之而無不及，特別是在兩年後正式批准聖彼得廣場的設計圖。

圖2-2
放置在聖彼得大教堂最深處的聖彼得聖座。原圖
出自：Falda, *Il Nuovo Teatro delle Fabriche et Edifici in Prospecttiva di Roma Moderna, sotto il felice pontificato di N. S. Papa Alessandro VII.*

　　現今所見模樣其實已經無法完整感受到貝尼尼當年的巧思。如果今日站在聖天使堡面向西邊，會看到直接通往教堂的協和大道；17世紀時，這裡僅有兩條狹小道路負擔交通功能。在貝尼尼的想像中，行人通過這些道路後，並不會一眼望穿聖彼得大教堂的外觀，而是會先看到成排列柱聳立眼前。穿越兩旁的小通道進入廣場後，忽然間眼界一開，發現自己身處在全世界最大的廣場。正中央有一座想必此前已聽聞多時的方尖碑，廣場兩側原本用來當作邊界的柱廊，此時成了幫助聚焦的邊框，將所有物件統合起來。新聖彼得大教堂的寬闊立面位於廣場最深處，之前只能隱約看到的穹頂也能更近距離觀看，散發的龐大氣勢絲毫不輸給古羅馬建築。

　　聖彼得廣場只是亞歷山大七世安排的開場，參訪者進到教堂內部後，會看道另一個精心安排的劇場：聖彼得聖座(圖2-2)。

　　傳說這張椅子曾是聖彼得的座位，不管是否屬實，對於當時的天主教會而言，絕對是個頗具象徵意義的物件。聖座由四位聖人抬起來，座位上方有兩個天使各拿一支鑰匙、托舉著教宗三重冠。背後還有著狀似雲朵物的金屬雕刻，周圍佈滿姿態各異的天使群眾，圍繞在代表聖靈的鴿子旁。而在更外層，還有一條條向外延伸，仿效光芒的金屬雕刻。 面對如此精緻的作品，法達使用非常仔細的線條刻劃每個細節，話雖如此，利用版畫表現聖彼得聖座難免有所限制。現場觀看，聖彼得聖座會結合金黃色光芒，散發光彩奪目的模樣，以黑白色調為主的版畫會使這種效果大打折扣。不過法達至少捕捉到一項在巴洛克時代成熟的設計理念：巧妙模糊藝術作品傳統上的嚴謹分界，結合成難以分割的作品。觀看聖彼得聖座，如果試圖刻意將建築與雕像分開來理解，是近乎不可能的事情；就如同將聖彼得廣場單獨抽離，就無法真正體會設計上的巧妙之處。透過這張版畫可以想像，貝尼尼掌握了操弄光影對比與空間關係的技巧，將整體動態效果發揮至極致，從廣場開始的視覺驚奇感，直到教堂深處仍會延續下去。

　　雖然亞歷山大七世觀注聖彼得大教堂的相關建設，這並不代表他忽略了其它地方的建設。綜觀他統治之下的十餘年間，羅馬城內處處可見這位教宗的努力，所謂的「劇場」絕對不是只有在梵蒂岡才可見到。這些新建設理所當然構成了《新劇場》絕大多數內容。

　　法達不時會針對同一地點，製作兩幅不同視野的版畫，好清楚表現亞歷山大七世的城市建設，波波洛廣場即為如此。其中一張版畫從城內往城門方向望去，將方尖碑放置在畫面右側（圖2-3）。畫面視野順著兩側圍牆打造的透視感延伸下去，一來可讓方尖碑更有立體感，二來擴大廣場空間感。畫面中的著名建物除了方尖碑外，還有波波洛城門與一旁的波波洛聖母聖殿，這些都在亞歷山大七世時期獲得程度不一的修繕、重建。

圖2-3　面向城門的波波洛廣場一景。原圖出自：Falda, *Il Nuovo Teatro delle Fabriche et Edifici in Prospecttiva di Roma Moderna, sotto il felice pontificato di N. S. Papa Alessandro VII.*

　　更有趣的是，法達描繪的劇場不是只有空間結構，還需要有「演員」表演日常生活樣貌。描繪聖彼得廣場的版畫雖然已出現這種元素，但論及生動感與活潑程度，這幅版畫顯然更勝一籌。

方尖碑北側有著富人才能負擔的馬車，兩批馬正要往前奔跑。畫面左側還有一頭牛準備向另一端緩緩邁進，與畫面右側正要撲向前方的小狗形成強烈對比。

　　另一張描繪波波洛廣場的版畫則將視野扭轉180度，方尖碑位於畫面左側，面對著名的三岔路口（圖2-4）。亞歷山大七世在此修建兩座外觀相似的教堂以強化對稱感，左右兩側分別是聖山聖母堂與奇蹟聖母堂。方尖碑與三岔路口的對應角度呈現不自然扭曲，帶出道路通往的城市深處。同時間，版畫容納的城市景觀遠遠超出常人視野角度，廣場空間更顯巨大。行人過於微小的比例，彷彿也是在為特殊的視覺效果服務。

圖2-4　從方尖碑往羅馬城望去的波波洛廣場。原圖出自：Falda, *Il Nuovo Teatro delle Fabriche et Edifici in Prospecttiva di Roma Moderna, sotto il felice pontificato di N. S. Papa Alessandro VII.*

　　除了波波洛廣場，另一個代表則是位於費拉米尼亞路的圓柱廣場。費拉米尼亞路的歷史可回溯至古羅馬帝國，沿路散佈不少重要古蹟，其中包含了紀念皇帝奧里略的奧里略圓柱。教宗西斯圖斯五世同樣基於「淨化異教信仰」，將聖馬可雕像放置圓柱頂端，向大量往來人潮宣揚宗教信仰。

　　大約從1659年起，亞歷山大七世以奧里略圓柱為核心，有計畫性地拆除四週建物，將原先不規則的廣場整頓成四邊形佈局。他同時還修繕家族宮殿，甚至進一步考慮在宮殿外側，設置頗有巴洛克風格的圓弧內縮空間，裡頭放置華麗噴水池；或是將圖拉真圓柱搬移至此，利用兩座圓柱平衡廣場的視覺感。但不管是哪個計劃，就如同聖彼得廣場，都因工程過於龐大未能實踐。

　　描繪圓柱廣場時，法達的視野從廣場南方帶向北端，奧里略圓柱立於畫面正中央，一旁道路為費拉米尼亞路(圖2-5)。廣場西面和北側一共可以看到三棟建築，教宗的家族宮殿齊吉宮位於畫面正前方，與之成直角，以及僅露出轉角處的建築，皆為其他貴族擁有的房產。圓柱廣場的生活景象非常豐富，有穿著華服、騎著馬匹的人，也有打扮較為窮簡的勞工與幼童。他們的行為舉止多變，有些人正在交談，也有人將手指指向圓柱，仔細欣賞上頭的浮雕。畫面前方右側有兩隻動作俏皮的狗，一隻躺臥地上，另一隻則抬起尾巴，興奮地向前張望，在在讓這個城市一景充滿活力。

　　犧牲部分現實樣貌的情況也在此上演。首先是觀看視野所在
位置其實還有一棟建築，根本沒有位置可容納此完整的視野。另外
為了將視野集中在廣場上，法達顯然縮小了費拉米尼亞路的比例，
第一時間幾乎不會發現(圖2-6)。

圖2-5　由南往北觀看圓柱廣場經過大規模整建後的模樣。原圖出自：Falda, *Il Nuovo Teatro delle Fabriche et Edifici in Prospecttiva di Roma Moderna, sotto il felice pontificato di N. S. Papa Alessandro VII.*

圖2-6　畫面正中央的方型空間為圓柱廣場，對比圖2-5，可發現法達在描繪圓柱廣場時，其實簡化或扭曲了不少實際情況。原圖出自：Falda, *NVOVA PIANTA ET ALZATA DELLA CITTA DI ROMA CON TVTTE LE STRADE PIAZZE ET EDIFICII DE TEMPII.*

圖2-7　由東南邊望向圓柱廣場。原圖出自：Falda, *Il Nuovo Teatro delle Fabriche et Edifici in Prospecttiva di Roma Moderna, sotto il felice pontificato di N. S. Papa Alessandro VII.*

　　再次描繪圓柱廣場時，法達轉而由費拉米尼亞路的南端往廣場觀看，清楚看到奧里略圓柱和齊吉宮的東、南邊樣貌（圖2-7）。最大的改變莫過於費拉米尼亞路變成一條寬敞道路，至少可並行四輛馬車。廣場的空間感相對減少許多，另外突顯圓柱的存在感，以更立體方式表現整體布局，特別是與街道的對應關係。

　　亞歷山大七世打造劇場的方式簡單易懂：拆除多餘物件，空出空間後尋找一個明確的視覺焦點，在四周打造有助於形塑秩序的新建物。聖彼得大教堂、波波洛廣場、圓柱廣場等，往往都是依循這項大原則。但持平而論，上述案例周圍都有著遼闊腹地，享有得天獨厚的條件。在有些時候，教宗反而需要在極為狹小的地方打造城市劇場，這不僅考驗建築師的規劃能力，也對法達的繪畫技巧是一大挑戰。

在納沃那廣場的西北方，有座名為平安聖母堂的教堂。亞歷山大七世考量到與教堂的深厚關係，決定修繕門面，使之更加顯要。麻煩的是，教堂躋身城市鬧區，缺乏便捷道路或寬敞腹地，執行起來並不容易。教宗下令在教堂前方勉強清出一小塊廣場，再連接一條聯外小道路；同時重新打造教堂立面，在一樓入口處放置兩組支撐上方圓頂的柱子，二樓用成排獨立圓柱與方柱，搭配弧形牆面，組成沉穩卻又不會過度笨重的外觀。在二樓立面兩旁，另外設置弧狀內縮空間，融合周圍建物、突出大門位置。雖然依舊擁擠，總算是為平安聖母堂爭取到稍有規模的門面。

法達放棄了從正前方表現教堂的視野，而是站在馬路右側，垂直切割城市場景，平安聖母堂的立面微微向觀者方向轉動（圖2-8）。換言之，法達大膽避開了當地空間不足的侷限，模擬觀者可站在一條寬敞道路上，悠閒欣賞人群及盡情奔跑的犬隻，這一切當然都是現實中無法看到。

圖2-8　平安聖母堂與前方道路。原圖出自：Falda, *Il Nuovo Teatro delle Fabriche et Edifici in Prospecttiva di Roma Moderna, sotto il felice pontificato di N. S. Papa Alessandro VII.*

　　位於萬神殿附近的密涅瓦廣場也是亞歷山大七世創建的小劇場。西元1665年，廣場上的密涅瓦聖母堂附近挖出尺寸迷你的方尖碑。教宗隨即決定重新豎立在密涅瓦廣場上，由貝尼尼負責執行。他參考耶穌會士契爾學的意見，不斷思索各種設計，希望方尖碑不僅僅豎立方尖碑，還要能呼應教宗期待，傳遞非凡的象徵意義。貝尼尼根據契爾學對上頭象形文字的解釋，再加上文藝復興時期的幻想題材，決定將方尖碑的基座雕塑成一頭大象。透過「巨獸駝著方尖碑」的景象，充分美化此番場景的意義，如同基座碑文提到：

> 不論你是誰
> 看到一頭大象—世上最強壯的動物—承載著方尖碑
> 上頭刻著代表古埃及智慧的象形文字
> 都會認識到這意味著
> 最深奧的智慧都應當由最強韌的心智加以支撐 [3]

---

[3] SAPIENTIS AEGYPTI
INSCVLPTAS OBELISCO FIGVRAS
AB ELEPHANTO
BELLVARVM FORTISSIMA
GESTARI QVISQVIS HIC VIDES
DOCVMENTVM INTELLIGE
ROBVSTAE MENTIS ESSE
SOLIDAM SAPIENTIAM SVSTINERE

　　工程在1667年結束，自此之後，羅馬城又多了值得一覽的劇場。參訪者都能見到以藝術傑作裝飾的公共廣場。如果擁有一定學識涵養，還能馬上看出教宗想表達的言外之意。從熱愛古埃及文明的學術背景來看，這是亞歷山大七世留給世人的一個新劇場，展現了當代學術研究，以及帶有宗教意涵的哲思。

　　面對帶有方尖碑的小劇場，法達創造的第一張版畫直接面對方尖碑與聖母堂，另一張版畫從廣場南端向北觀看。對比之後不難發現，法達在第一張版畫明顯放大了教堂前方道路，手法依舊是「假設」那個位置沒有建築，觀者可無限往後退縮(圖2-9)，第二張版畫反而大幅壓縮同條道路的寬度，強迫觀看著的視野停留在此(圖2-10)。

圖2-9　密涅瓦聖母堂與前方廣場上的密涅瓦方尖碑。原圖出自： Falda, *Il Nuovo Teatro delle Fabriche et Edifici in Prospecttiva di Roma Moderna, sotto il felice pontificato di N. S. Papa Alessandro VII.*

ALTRA VEDVTA DELLA PIAZZA DI S·MARIA DELLA MINERVA.

1 Chiefa di S·Maria della Minerua.   2 Obelifco inalzato da N·S·PP·ALESSANDRO VII.   3 Tempio della Rotonda

Gio Batta Falda dif. et fec.   Per Gio Iacomo Rofi in Roma alla pace cõ priu del S·Pont.

圖2-10　從另一個角度觀看密涅瓦聖母堂，特殊視覺效果使廣場空間不合常理地寬敞。
　　　　原圖出自：Falda, *Il Nuovo Teatro delle Fabriche et Edifici in Prospecttiva di Roma Moderna, sotto il felice pontificato di N. S. Papa Alessandro VII.*

　　畫面兩側本應平行的建築立面，如今微微地往兩邊以梯形佈局擴散開來，以典型的透視法誇大廣場空間時，也將焦點集中在正中央的方尖碑，視覺效果相當卓越。

　　可以明確指出，在亞歷山大七世的概念中，城市中的所有物件都不會單獨存在，廣場、道路與周圍建築，總是會以其獨特方式相互連結，共同營造更加宏偉壯麗嶄的新面容。法達的版畫在此過程中便扮演著重要宣傳功能。他描繪羅馬城的方式，不再以「追求寫實」為唯一目的，而是藉由各種特殊透視效果，開創出各種不合乎現實的空間感與建築比例，因而達到教宗想極力呈現、如同劇場般的城市。至於畫面中的生活場景，固然是追求畫面活潑，卻也意在指出，每個人是觀眾也是演員，共同完善這些劇場。

　　如果說亞歷山大七世是巴洛克羅馬的創造者，那麼法達就是無比重要的共同協作者，在塑造羅馬城市印象的工作上貢獻良多。回顧法達的事業生涯，「卓越才能」不是他得以成功的唯一要素，還需要有合適環境，才能造就《新劇場》的誕生。

2.

爭奪羅馬城市形象的詮釋權

　　西元1643年，法達出生於北義大利的皮埃德蒙特。大約14歲抵達羅馬不久後，開始為出版商賈科墨・德・羅西（Giovanni Giacomo De Rossi, 1627-1691）工作，從事版畫圖版的製作。當時正好遇上亞歷山大七世在羅馬大興土木，介紹羅馬城市景觀的精美版畫相當有利可圖。也就是因為如此，不只有賈科墨看上這筆生意，與他有親戚關係的巴提斯塔・德・羅西（Giovanni Battista De Rossi, 1601-1678）便是主要競爭者之一。巴提斯塔也有自己的製版師，來自尼德蘭的克魯爾（Lievin Cruyl, 1634-1720）。他出生於1634年，年近30歲時抵達羅馬，因為曾受過完整的繪圖訓練，擁有絲毫不下於法達的高超技術。

　　西元1665年，法達率先出版了《新劇場》，將羅馬城的劇場氛圍以版畫模式呈現給世人，在此波競爭中佔了上風。到了隔年，克魯爾另外出版了同樣以羅馬城市景觀為主題的版畫集《羅馬城內著名景點》，收錄的版畫不多，卻都擁有非常驚人的視覺效果(圖2-11)。

圖2-11 《羅馬城內著名景點》(Prospectus Locorum Urbis Romae Insigniun)，將書
　　　名放置在類似紀念碑的物件之中，上頭為教宗亞歷山大七世的盾徽，強調了
　　　當今城市景觀與他的關聯。後方場景則是教宗開啟的諸多重大建設。原圖出
　　　自：Cruyl, *Prospectus Locorum Urbis Romae Insigniun*.

　　提及聖彼得廣場時，克魯爾選擇了從廣場的入口處向內觀看（圖2-12）。畫面前景是散亂工地，地上堆放許多大理石塊，其中一塊刻有亞歷山大七世的個人盾徽，再次強調教宗與這項偉大建設的關係。經過入口處後，視野馬上帶到佔據大半個畫面、空曠無比的廣場。克魯爾將方尖碑與後頭的聖彼得大教堂設定為廣場焦點，配合不對稱的畫面結構與右側柱廊，成功地在平面媒介重現貝尼尼試圖打造的空間感。

圖2-12　　興建中的聖彼得廣場。原圖出自：Cruyl, *Prospectus Locorum Urbis Romae Insigniun.*

　　克魯爾顯然無意一口氣展現新廣場的造型，他更在意的是人們「親身體會」廣場的宏偉與動態感，相比之下，法達的作品就保守許多。

　　觀看其它版畫，可更清楚對比出法達與克魯爾的不同之處。克魯爾在表現波波洛廣場時(圖2-13)，選擇站在廣場西側，以平行視野表現另一側的建築樣貌與行人動態。方尖碑在這張版畫中有相當重要的功能，以此為界，在更往畫面右側時，克魯爾馬上扭轉畫面視角，以另一組透視效果表現道路所通往的空間深處。

圖2-13　　波波洛廣場全貌。原圖出自：Cruyl, *Prospectus Locorum Urbis Romae Insigniun.*

　　有鑑於波波洛廣場上的中軸線，在實際狀態下是由三岔路口、方尖碑與城門共同組成，這張版畫可說是重新詮釋了當地景觀。但不可否認的是，透過這種帶有想像、充滿創意的手法，反而完整將廣場上的諸多特色一次表現出來，而不像法達必須切割成兩幅版畫獨立處理。另外，這幅版畫從方尖碑開始向右的空間，構圖上與法達的作品相當一致。在那個藝術家不斷彼此「參考」實屬常見的年代，暫且不論是法達或克魯爾先畫出草圖，這種情況更能點出雙方的競爭關係。

　　另一個突顯雙方差異的還有以圓柱廣場為主題的版畫（圖2-14）。被法達大幅簡化的道路，克魯爾卻是用來烘托廣場與整座城市的密切連結；東側的費拉米尼亞路筆直邁向波波洛城門的方向，仔細觀察還能隱約看出方尖碑與城門輪廓。路上所有行人毫不意外地大幅縮小比例，藉以誇飾整個城市空間與建物尺寸。

圖2-14　圓柱廣場，右邊的筆直道路通往波波洛廣場。
　　　　原圖出自：Cruyl, *Prospectus Locorum Urbis Romae Insigniun.*

　　克魯爾也創作了許多法達未曾嘗試的主題，例如著名的聖若
望大殿與聖母大殿。展示聖若望大殿時(圖2-15)，克魯爾帶著讀
者站在一棟建築物高處（可能是水道遺跡），從左到右依序展示
聚集於此的重要建築。當然，克魯爾也放置了違背實景的景象：
左邊編號7的建築，為朝聖要地「聖十字聖殿」，考量到相對位
置與角度，能否在這個地方看到會是個一大問題；而編號5的
「聖階」，版畫中面向北方，實際上卻應當朝向西方。

圖2-15　　聖若望大殿與周圍景物。原圖出自：Cruyl, *Prospectus Locorum Urbis Romae Insigniun.*

原圖皆出自：Cruyl, *Prospectus Locorum Urbis Romae Insigniun.*

圖2-16　聖母聖殿西南側景觀。

圖2-17　圖拉真圓柱，其固然是本圖重心，但在畫面右側，克魯爾也仔細描繪了後方山丘及其上方建築，不會因為處遠方而草草帶過。

圖2-18　羅馬廣場全貌。克魯爾讓觀者站在山丘上欣賞廣場上的所有古蹟，畫面中城排樹木構成的道路由教宗所建，沿者廣場的輪廓筆直朝向北方，終點為著名的塞維魯凱旋門。在克魯爾之前，幾乎沒有藝術家能給予羅馬廣場如此完整、全面的圖像紀錄。

圖2-19　克魯爾將大競技場與君士坦丁凱旋門放置在同一畫面，但陽台上的柱子如同畫框，將兩座古蹟切割開來，使之又可單獨觀看。喜歡描繪城市遠景的克魯爾，也在畫面後方放置不少重要建築，透過大競技場的殘缺處，可以看到聖若望大殿廣場與方尖碑。

2-16	2-17
2-18	2-19

「更動實際狀態」的做法，再次出現在描繪聖母大殿的版畫中(圖2-16)。克魯爾將觀看視野設定在教堂西側，並將距離拉開，以稍微傾斜的角度帶出教堂正面外觀，同時個別展示後方兩個穹頂，創造出別具立體效果的景色。怪異的是，按照這種角度，正對著教堂中軸線的方尖碑應該會在不起眼位置，克魯爾卻將之安置在較引人注目的空曠處。如果將視野拉近，將會更容易發現刻意改變後的怪異感。

從各方面來看，假使說法達重視的是將視野集中於局部，使觀者更專注於既定空間內的的特色，那麼克魯爾便偏好刻畫主題物件與週遭環境、空間結構的全面關係。更重要的是，克魯爾在強調全面性的同時，更大程度地利用空間扭曲、比例失調等技巧，用盡所能誇飾羅馬城市景觀(圖2-17、2-18、2-19、2-20)。

圖2-20　圖2-19的細部截圖。Cruyl, *Prospectus Locorum Urbis Romae Insigniun.*

圖2-21　聖天使堡與聖彼得大教堂。　　　　　　　　　　圖2-22　納沃那廣場。

　　克魯人同樣令人讚嘆的，還有描繪細節處的高超技術，擁有
著前人不具備的精緻感，比如台伯河或納沃那廣場的水面倒影，
屢屢增添不少寫實感(圖2-21、2-22、2-23)。正是因為這點，克魯
爾巧妙模糊想像與真實的界線，使觀者更輕鬆地遊走其中。

　　論及視覺效果，法達在許多時候著實不如克魯爾，不過他
擁有兩項後者難以超越的優勢：第一，創作速度極快、主題多
元，又能維持一定品質。在1665年出版第一冊《新劇場》後，最
遲不會超過1667年3月出版了第二冊，在下任教宗時期出版第三
冊，展示更多樣性的羅馬城市景觀，甚至觸及到前兩任教宗的
建設。除了前面提到的聖彼得聖座，還有大階梯 、萬神殿前廣
場（圖2-24）、山上聖三一教堂（圖2-25）、卡比托林廣場 （圖
2-26）、圖拉真圓柱（圖2-27）、謝斯提歐金字塔 （圖2-28），
以及納沃那廣場上的聖阿妮絲教堂 （圖2-29）等。

圖2-23　圖2-21的細部截圖。　　原圖皆出自Cruyl, *Prospectus Locorum Urbis Romae Insigniun.*

原圖皆出自：Falda, *Il Nuovo Teatro delle Fabriche et Edifici in Prospecttiva di Roma Moderna, sotto il felice pontificato di N. S. Papa Alessandro VII.*

2-24	2-25
2-26	2-27

圖2-24 萬神殿與前方廣場。
圖2-25 山上聖三一教堂。
圖2-26 卡比托林廣場。
圖2-27 圖拉真圓柱。

　　而且法達的創作主題還擴及羅馬城之外，在1678年逝世前，他為水利工程師梅耶（Cornelius Meijer, 1629-1701）完成了義大利中部地理地圖、水利工程圖、台伯河水文圖等(圖2-30、2-31)。

　　法達的第二個優勢在於，出版商賈科墨不僅看中其才能，更以敏銳的交際手腕推廣他的作品。賈科墨積極栽培這位頗有才能的年輕人，鼓勵他繼續學習繪畫技巧，並在日後給予優渥的報酬待遇，重視程度宛如親身兒子。相比之下，克魯爾與雇主巴提斯塔的關係顯得疏離許多，不僅未獲重用，更有些許跡象指出可能受到剝削。克魯爾的作品數量遠不及於法達，很大一部分與巴提

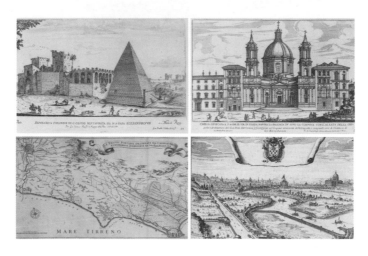

2-28	2-29
2-30	2-31

圖2-28
謝斯提歐金字塔。原圖出自：Falda, *Il Nuovo Teatro delle Fabriche et Edifici in Prospecttiva di Roma Moderna, sotto il felice pontificato di N. S. Papa Alessandro VII.*

圖2-30
義大利中部地理地圖。原圖出自：Meijer, *L'arte di rendere i fiumi navigabili.*

圖2-29
聖阿妮絲教堂。原圖出自：Falda, *Il Nuovo Teatro delle Fabriche et Edifici in Prospecttiva di Roma Moderna, sotto il felice pontificato di N. S. Papa Alessandro VII.*

圖2-31
台伯河水利工程圖。原圖出自：Meijer, *L'arte di rendere i fiumi navigabili.*

圖2-32 《新劇場》 第二冊封面，畫中兩位主要人物分別是普羅米修斯(手拿火把者)與其子杜卡利翁(右手拿著石塊)，再配合後方場景，意在彰顯教宗亞歷山大七世的偉大功績。原圖出自：Falda, *Il Nuovo Teatro delle Fabriche et Edifici in Prospecttiva di Roma Moderna, sotto il felice pontificato di N. S. Papa Alessandro VII.*

斯塔的態度有關。在法達開始大放異彩時，賈科墨四處向有力人士做好各項公關工作，最後就連教宗亞歷山大七世也成了法達的重要贊助者，晉升為宣傳羅馬城市形象的重要環節。

　　《新劇場》的第二冊封面最能看出法達與教宗的關係(圖2-32)。他將教宗的個人徽紋具象化，在畫面正中央安置三層山丘，拱著一顆綻放強烈光芒的星星。山丘下方兩側各站一位主要人物，左為希臘神話中，為人類盜取天火的普羅米修斯，正手舉火把抬向星辰；右側則是普羅米修斯之子杜卡利翁，他手持石塊，回頭望向從土裡爬出來的人群。根據神話，杜卡利翁在大洪水過後，與妻子藉由投擲石塊重新創造人類。亞歷山大七世時期的羅馬城市景觀佈滿畫面背景處。這張寓言畫無非是希望將教宗形容成開創新局面，並帶來重大貢獻的偉大英雄。

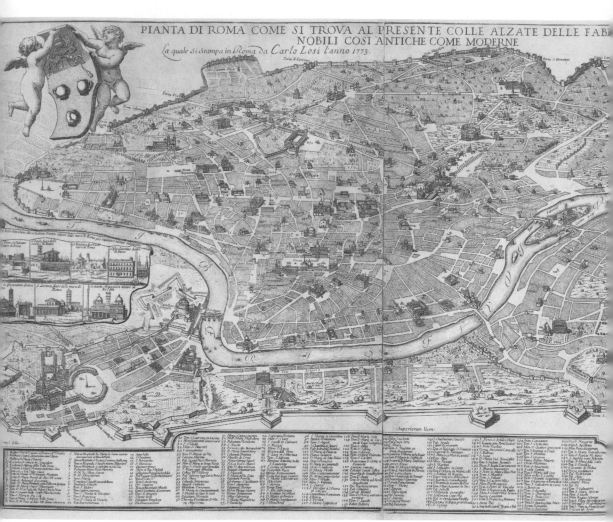

圖2-33　克魯爾在1665年出版的羅馬城市地圖，此為18世紀重新印刷的版本。原圖出自：Cruyl,
PIANTA DI ROMA COME SI TROVA AI PRESENTE COLLE ALZATE DELLE FABRICHE
PIV NOBILI COSI ANTICHE COME MODERNE.

除了城市景觀的版畫，克魯爾和法達的競爭也延伸到羅馬城市地圖。克魯爾率先在1665年出版了《古代與現代羅馬著名建築實景與羅馬城市地圖》（圖2-33）。該地圖採用當代羅馬城市地圖的常見模式，從城市西邊鳥瞰羅馬城。許多地方尤其是一般街區皆以不規則平面幾何圖表現，僅有幾處重要建築如主要朝聖教堂，或是亞歷山大七世開啟的建設才會放上立體外觀（圖2-34）。

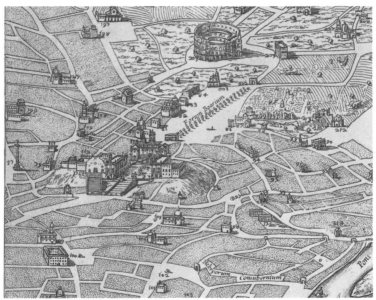

圖2-34　細部截圖，卡彼托林廣場、羅馬廣場與大競技場一帶。原圖出自：Cruyl, *PIANTA DI ROMA COME SI TROVA AI PRESENTE COLLE ALZATE DELLE FABRICHE PIV NOBILI COSI ANTICHE COME MODERNE.*

世界劇場：

16-18世紀版畫中的羅馬城

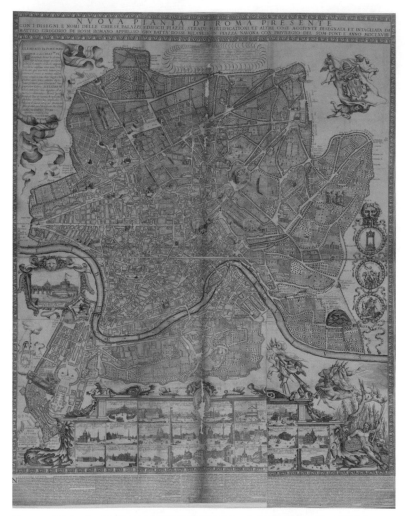

圖2-35　馬帖歐・德・羅西在1668年出版的羅馬城市地圖，克魯爾也有協助創作。原圖出自：De Rossi, *NVOVA PIANTA DI ROMA*.

　　1668年，巴提斯塔之子馬帖歐・德・羅西（Matteo Gregorio
De Rossi, 1638-1702）出版了《羅馬城市新地圖》的作品（圖
2-35）。其表現邏輯與克魯爾在1665年完成的作品如出一轍：在
平面圖中放入實景造型。不過馬帖歐大幅提高前者比例，諸如
聖彼得大教堂、聖母聖殿等等原本放置實景的地方，如今已改
放平面圖，只有極少數建築才會加入立體實景圖。地圖下方另
外羅列22幅羅馬城市景觀圖，在地圖左側也有一個以獅子皮為
外框的圖像，其中幾幅從構圖、視野等條件來看，很明顯出自
克魯爾在3年前公開的版畫作品。其餘圖像風格也與克魯爾相當
一致，合理推測這些是克魯爾已經提供給巴提斯塔，卻未曾正
式出版的作品（圖2-36、2-37）。縱使這份地圖泰半是由馬帖歐
完成，沒有適當展示克魯爾的名字顯然不盡公平。

(左)圖2-36、(右)圖2-37兩圖皆為2-35下方的細部截圖，由克魯爾協助創作。
原圖出自：De Rossi, *NVOVA PIANTA DI ROMA*.

法達在賈科墨的支持下，曾在1667年向亞歷山大七世獻上一份羅馬城市地圖，但一直到了1676年，才公開發行全新地圖《新羅馬城市地圖，包含所有街道、廣場與教堂》（圖2-38）。

　　地圖的版型與馬帖歐在1668年發行的地圖有諸多雷同之處，都是北方朝左的鳥瞰視野，下方放有實景圖像，周圍還有許多相關裝飾。兩者最大的不同之處在於，法達採用全實景圖加以描繪，觀者彷彿從上空親眼欣賞羅馬城。諸如此類的地圖已有前人做過同樣嘗試，因此法達所做的，是將羅馬城歷經大規模改造後轉變放入地圖中。例如波波洛廣場南側的醒目三岔路；以獨特造

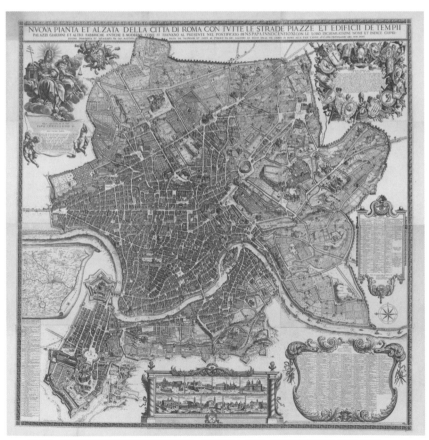

圖2-38　法達在1676年出版的羅馬城市地圖。原圖出自：Falda, *NUOVO PIANTA ET ALZATA DELLA CITTA DI ROMA CON TVTTE STRADE PIAZZE ET EDIFICI DEI TEMPII.*

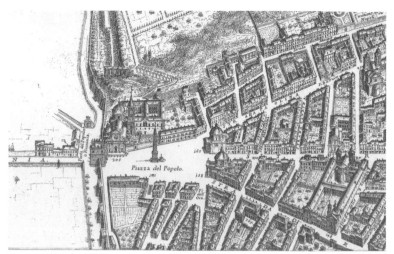

圖2-39　細部截圖。原圖出自：Falda, *NUOVO PIANTA ET ALZATA DELLA CITTA DI ROMA CON TVTTE STRADE PIAZZE ET EDIFICI DEI TEMPII.*

型突顯教堂與方尖碑的聖彼得廣場(圖2-39)。將這幅地圖稱之為「17世紀羅馬城市發展史的總結之作」絕對毫不為過。

　　雖然克魯爾有如此顯而易見的重要性，而且包括法達在內，後來不少藝術家應該都有參考過他的作品，但在創作速度、主題多元性，以及個別出版商等條件影響下，克魯爾輸給了法達。雙方的競爭結果是，法達的《新劇場》和地圖更受到世人喜愛與重視，直至今日依然如此。

　　1678年，正值壯年的法達逝世，亞歷山大七世的時代已結束超過10年，而克魯爾其實早在此之前便選擇離開了羅馬，到其它地方繼續城市景觀以外的藝術創作。無論這兩人的際遇為何，都正巧遇上了蓬勃發展的城市建設，以無以倫比的繪畫技術成了巴洛克羅馬的紀錄者與詮釋者。當代建築師積極利用空間規劃創造特殊視覺感受，同樣是法達和克魯爾重視的目標，不過他們發揮的地方是在平面紙張上。透過這兩人的作品，後人不僅得以看到巴洛克羅馬的發展，更能體會當代人是如何解讀城市空間的意義與演變。此後，還會有更多藝術家沿著他們開闢的道路繼續前進，讓更多人知曉羅馬城實際上以及理想上該有的樣貌。

3.

創建巴洛克羅馬的三位教宗

歷時近一個世紀的聖彼得大教堂興建工程，雖在西斯圖斯五世時期暫時劃下句點，卻並未因此終結造型上的爭議。集中式佈局在本意上不違背基督宗教神學觀，不過在保守派人士眼中仍顯得過於「異端」或「反傳統」。積極推動天主教改革的著名米蘭主教伯洛美爾（Federico Borromeo, 1564-1631）直言批評，只有偶像崇拜者才會使用集中式平面；當代負責管理教會儀式的人員也指出，聖彼得大教堂的現有設計悖離了教會傳統，在實際上也不便於舉行教會儀式。

到了17世紀初，教宗保羅五世（Paul V, 1550-1621）命令馬德諾（Carlo Maderna, 1556-1629）以巴西利卡式佈局為原則，改造聖彼得大教堂的外觀。馬德諾在既有建築體正面增建中殿，並大幅強化入口處的比例，進而打造出貫穿教堂的中軸線。改造之後，聖彼得大教堂的室內視覺焦點依舊是大穹頂之下的偌大空間，但其平面布局總算是更偏向巴西利卡式風格。無論如何，新

教堂的完工宣告教會終於完成一件所費不貲的建築工程，使羅馬城的宗教地位更顯光榮。然而，看似光明似錦的發展，其實和教會遭遇的挫敗有極大反差。

西元1555年，西班牙國王暨神聖羅馬皇帝查理五世（Charles V, 1500-1558）與帝國內的新教勢力簽訂《奧古斯堡和約》，承諾各地諸侯有權決定是否信仰路德教派。他在退位時曾表示，新教徒是引起騷動、應當迅速撲滅的麻煩者，但眼下情況卻是，縱使有龐大財富，都無法支持他繼續一場永無止盡的宗教戰爭。在同樣陷入宗教衝突的法國，新教徒亨利四世因所有競爭者先後逝世登基為王。他努力穩定政局，不僅改宗為天主教徒，更以宗教寬容為治國精神，多方安撫法國境內的新、舊教徒。而海峽另一端的英國，也因1588年的西、英海戰正式遠離以教宗為首的天主教會。就許多面向而言，邁入17世紀的教會即便在改革上獲取初步成效，仍得被迫接受再也無法統一的歐洲宗教版圖。

簽訂《奧古斯堡和約》後，歷代皇帝對於帝國境內紛雜的宗教信仰，明智地採取寬容態度，因而享有60多年的穩定期。直到1617年，波西米亞新任國王，也就是日後繼承神聖羅馬皇帝頭銜的費迪南二世（Ferdinand II, 1578-1637），試圖打破過去幾十年的慣例，強制將波西米亞轉換為天主教國家。國王的強硬態度引起民眾起身挑戰，這場衝突因各國複雜的外交利益考量不斷擴大範圍，成了「三十年戰爭」的導火線。

　　三十年戰爭並非永不停歇地打了三十年，其實中間不時穿插著大小、長短不一的停戰期。戰爭的第一階段，以帝國為首的陣營順利擊潰波西米亞軍，費迪南二世得以強勢推行天主教。歐洲諸國如瑞典、英、法、荷蘭等不禁擔憂皇帝勢力過度擴張，接連介入戰爭，致使日耳曼地區陷入一場又一場的戰爭。戰爭後期演變成神聖羅馬帝國與西班牙，以及法、英、荷、普、瑞典組成的兩大集團相互對抗。

　　1648年，疲累的交戰雙方不顧教宗大力反對，決定簽署「威斯特伐利亞和約」，宣告殘酷的戰爭正式結束。根據和約精神，帝國各諸侯國的宗教自由再次獲得承認，路德教派以外的新教也在保護範圍內。這項和約無異再次宣告，想統一歐洲宗教信仰是不切實際的目標。其實從交戰國的態度就不難預見這種發展，他們最重視的是國家實質利益，而非宗教信仰。如同法國身為天主教國家，因顧慮到東邊國界的擴張需求，毅然加入反帝國陣營。

　　在三十年戰爭前後，教宗持續以「歐洲的朝聖中心」、「展現教會權威」為核心，以更為高調華麗的風格妝點羅馬城市景觀。同時可以觀察到，他們會投注更多資源彰顯個人與家族聲望。歷代教宗多半出身自各地貴族或大家族，即便出身平凡，也在任職樞機主教期間積極任用有血緣關係的人才，重視家族利益的做法並不令人意外。每項城市建設都或多或少地包含私心，只是17世紀教宗更直白表現出這種態度。隨著時代演變，羅馬在當

代人心目中也漸漸披上濃厚觀光氣質，朝聖有時候反而變成了次要目標。這個緩慢過程就像許多歷史發展，正以無法逆轉的趨勢悄然上演。

教宗烏爾班八世在1623年就任，隨即認命的貝尼尼接手諸多重要工程。當教宗仍是樞機主教時已結識貝尼尼，大方贊助藝術創作，日後以當選教宗為契機，進一步重用這位年輕藝術家。烏爾班八世下達的第一道委託，便與貝尼尼擅長的雕像創作有關：在聖彼得大教堂內設置一個青銅華蓋，正好覆蓋在聖彼得陵墓的正上方。

青銅華蓋的工程在1633年結束，整體設計充分顯示了貝尼尼的藝術風格：將不同種類的藝術作品融為一體。貝尼尼先是設立四根巨大的螺旋狀柱子，用來支撐青銅華蓋，上頭飾以繁雜的細部雕刻；因體積過於龐大，還需開挖地面設立地基。巨大青銅華蓋超越了單純銅像裝飾的尺寸，契合教堂內部的偌大空間，轉化為建築的一部分。

青銅華蓋清楚劃分出教堂內的主、副空間，並引導參訪者往更深處觀望。根據當代文獻，這項作品被形容成「當代最偉大的創作，對聖彼得陵墓給予更大敬意，也為烏爾班八世的虔誠留下更多紀念」[4]，顯見其驚人視覺效果。

---

4 viene da tutti stimata fra le cose piu' meravigliose di questo secolo, e che rendo tanto piu' venerabile il sepolcro de'Santa Apostoli e la memoria della pieta' di Urbano.

　　除此之外同樣重要的是，烏爾班八世也看到了在前人基礎
上，可繼續發展的城市建設。一方面維護舊有道路、教堂、橋
樑，另一方面拓展公共設施的數量，尤其是造型華麗的噴泉。
在皮切諾山山腳下，也就是波波洛城門附近，烏爾班八世命令貝
尼尼接手前人遺留的工程，完成了著名的破船噴泉；另外在家族
宮殿巴爾貝里尼宮附近的廣場設立特列同噴泉（圖2-40）。這些
噴泉的功能如同以往，在於提供眾人便捷的用水環境，進而宣揚
教宗名聲。

圖2-40　　特列同噴泉。原圖出自：Falda, *Le Fontane di Roma nelle Piazze, e Luoghi Publici della Citta : con li loro Prospetti, come sono al Presente.*

烏爾班八世死後，英諾森十世接續教宗寶座。三十年戰爭在他任內結束，被迫以相當難堪的姿態接受教權低落。與此相對的，英諾森十世在羅馬城的改造工程上更顯活躍與積極，前任教宗的成果只是個相對平淡的開端。

完美結合噴泉、廣場、教堂、宮殿與方尖碑的納沃那廣場，是英諾森十世最出名的城市建設，其受歡迎的程度直到今日，絲毫不下於規模大上好幾倍的聖彼得廣場。英諾森十世的個人家族宮殿就在廣場周圍，這也就是為何他會如此重視此處建設，甚至在上任不久後開始購入宮殿旁的其它房舍，以便未來的擴建工程。

長方形布局是納沃那廣場最特別的地方（圖2-22）。此處原本是古羅馬時代的賽馬場遺址，因而留下了絕大多數廣場都難以取代的長方形樣貌。英諾森十世用盡一切資源保留該廣場獨特風貌，並適時確保家族利益。上任之後大量收購廣場周圍房產，好大肆整修一旁的家族宅第與專屬的聖阿妮絲教堂，同時又能確保廣場的特殊輪廓。「確保長方形布局保留下來」幾乎是不可冒犯的至高原則，教宗甚至為此撤換教堂整修工程的初始負責人，因為他提出了過於突出、會破壞廣場輪廓的立面設計。

整修納沃那廣場周圍景觀時，內部造景也有相對應改變，特別是貝尼尼設計的「四河噴泉」。曾在烏爾班八世時期大放異彩的貝尼尼，此時因同行競爭，加上前後兩任教宗之間的個人糾紛而備受冷落，一直要1647年才有轉機。當時，羅馬城內發現另一座巨大方尖碑，英諾森十決定結合噴泉豎立在那沃納廣場，豐富原先過於平凡的廣場造景。問題在於，始終無法找到適當負責人

選。支持貝尼尼的相關人士向他透露這項消息時，催促盡快完成設計圖與模型。某次公開行程後，隨從將教宗引導到放置模型的房間休息，過了一陣子的詳加視察，爽快任命由貝尼尼接手此次工程，完全不顧身旁的反對意見。

　　方尖碑基座一改16世紀末的簡約造型，在四邊分別放置世界上四條大河的擬人化雕像。四條河流又分別代表四大洲，因此又象徵著世界的縮影，其對應關係為：代表亞洲的恆河、代表非洲的尼羅河、代表美洲的普拉塔河、代表歐洲的多瑙河。豐沛的泉水在這四條河流之間宣洩而出，周圍有許多代表各大洲特色的雕刻。方尖碑頂端的雕像也與過去不盡相同，山丘雕像依舊，承載物件則由星辰轉為代表聖靈的鴿子。這些圖騰結合在一起，意在宣揚世界以基督宗教信仰為依歸的理想境界；不過鴿子其實是教宗個人紋章使用的元素，方尖碑也帶有讚譽教宗的隱喻於其中（圖2-41）。

圖2-41
四河噴泉。原圖出自：Falda, *Le Fontane di Roma nelle Piazze, e Luoghi Publici della Citta : con li loro Prospetti, come sono al Presente.*

　　一如其它大型建設，納沃那廣場廣場是宗教信仰、公共利益
與個人聲望的表演場地。刻在基座上的四段拉丁碑文，重複歷代
教宗不斷宣揚的理念，北面碑文：

　　　至高的教宗英諾森十世為了裝飾噴水池與廣場

　　　下令搬運、維修並將方尖碑豎立起來

　　　其由古羅馬皇帝卡拉卡拉搬移到羅馬

　　　後來斷成好幾截被埋在卡斯特列西斯賽馬場的遺跡中

　　　在西元1651年，也就是教宗的第七年統治 [5]

東面碑文：

　　　這隻頭戴美德百合花的聖潔鴿子

　　　降服了埃及有罪的野獸

　　　帶來了和平的橄欖枝

　　　使方尖碑成了他的戰利品

　　　光榮地俯瞰羅馬 [6]

5　OBELISCVM
　　A B IMP ANT CARACALLA ROMAM ADVECTVM
　　CVM INTER CIRCI CASTRENSIS RVDERA
　　CONFRACTVS DIV IACVISSET
　　INNOCENTIVS DECIMVS PONT OPT MAX
　　A D FONTIS FORIQ ORNATVM
　　TRANSTVLIT INSTAVRAVIT EREXIT
　　ANNO SAL MDCLI PONTIF VII

6　NOXIA AEGYPTIORVM MONSTRA
　　INNOCENS PREMIT COLVMBA
　　QVAE PACIS OLEAM GESTANS
　　ET VIRTVTVM LILIIS REDIMITA
　　OBELISCVM PRO TROPHEO SIBI STATVENS
　　ROMAE TRIVMPHAT

南面碑文：

> 教宗英諾森十世
> 設置這塊巨石，並刻上代表尼羅河的隱喻
> 多條水流宣洩而下，豐饒水源能灌溉一切
> 使人們能從乾渴的狀態得到滿足[7]

西面碑文：

> 至高的教宗英諾森十世
> 經由整修高貴的潘菲利宮和納沃那廣場
> 大幅增加此處的宏偉
> 使之成了整座城市中最多人造訪的地方[8]

　　英諾森十世死後，羅馬城迎來教宗亞歷山大七世的年代，於世俗事務上，他是位更難以有所發揮的教宗。三十年戰爭後，國家利益越來越被視為不可質疑的治國前提。如同法國國王路易十四（Louis XIV, 1638-1715）關心如何建立有史以來最徹底的中央集權君主制，而不是像查理五世那樣，執著於統一信仰而虛耗

7　INNOCENTIVS DECIMVS PONT MAX
　　NILOTICIS AEGIGMATIBVS
　　EXARATVM LAPIDEM
　　AMNIBVS SVBTER LABENTIBVS IMPOSVIT
　　VT SALVBREM
　　SPATIANTIBVS AMOENITATEM
　　SITIENTIBVS POTVM
　　MEDITANTIBVS ESCAM
　　MAGNIFICE LARGIRETVR

8　INNOCENTIVS DECIMVS PONT MAX
　　NATALI DOMO PAMPHILIA
　　OPERE CVLTVQ AMPLIFICATA
　　LIBERATAQ INOPPORTVNIS AEDIFICIIS
　　AGONALI AREA
　　FORVM VRBIS CELEBERRIMVM
　　MVLTIPLICI MAIESTATIS INCREMENTO
　　NOBILITAVIT

大量資源；又或著在荷蘭，即便新教徒也質疑商業獲利是否見容
於宗教道德，但荷蘭東印度公司的擴張說明了，兩者間假使真有
衝突，宗教考量也不會擺放在第一順位。

　　最讓亞歷山大七世感到欣慰的，或許是瑞典女王克莉絲蒂娜
（Christina, Queen of Sweden, 1626-1689）在1655年造訪羅馬。這
位女王的父親即為那位著名的瑞典國王古斯塔夫大帝（Gustav II
Adolf, 1594-1632），他在三十年戰爭期間加入新教陣營，以天才
般的戰術創下驚人戰績，逼得舊教陣營一時間難以應對。這位從
小接受新教教育的女王最後放棄王位，移居羅馬並改宗為天主教
徒。亞歷山大七世舉辦盛大儀式歡迎她的到來，當年場景仍紀錄
在波波洛城門與元老宮裡頭的碑文上。

　　另一個讓教宗甚是滿意的，大概就屬於羅馬城的轉變。在他
統治下，羅馬城的開發規模不減反增，為巴洛克城市景觀規劃提
供無數經典案例；光是聖彼得廣場的工程，就是個傲視全歐洲的
偉大成就。不過所有建設如同瑞典女王定居羅馬一樣，對歐洲宗
教版圖只能發揮極其有限的影響。在日漸縮小的勢力範圍內，輝
煌的城市建設與其說是錦上添花，不如說是竭盡所能地維護僅存
部分。歷史上有太多案例指出，地位越是不甚牢固的統治者，就
越是執著於宣傳政績。為教會聲望服務，一直是「建設羅馬」這
場宣傳大戲的主調。

4.

捕捉羅馬城市景觀的嘗試

　　羅馬城市發展是個有跡可循的過程，描繪這座城市的版畫同樣如此。諸如法達、克魯爾等人的版畫，並非忽然間才出現的成果。即便他們的作品蘊含了許多個人獨創成份，前人的創意與嘗試也是不可或缺的基礎。追尋版畫的創作史，能看到還有各式各樣的創作者們，是如何呼應全新技術與觀念，不斷捕捉羅馬城市發展史的幕幕場景。

　　15世紀的文藝復興，深深影響了後來的歐洲文化，像是高度重視藝術品的「寫實效果」，從人物肖像、動植物圖像，一直到建築物乃至於城市景觀的描繪莫不如此。在1498年出生的尼德蘭畫家漢斯柯克（Martin Van Heemskerck, 1498-1574），曾於1530年代造訪羅馬期間，仔細觀察、素描興建中的聖彼得大教堂。他的手繪素描採用成熟的透視技巧，清楚表現聖彼得大教堂的規模。其次，畫面中往往不會只有單一建築，而是將四周景色和一般人的生活樣貌一一納入其中，形成完整的城市風景畫。漢斯柯克的作品不再只是象徵性地表示羅馬城市景觀，代表了後來許多畫家共同追求的新概念。

　　除了寫實，描繪羅馬城市景觀的版畫也相當喜歡追求秩序；同樣的，這也是受到文藝復興的影響，尤其是所謂的「理想城市」。

　　提到文藝復興的理想城市景觀，瓦特藝術博物館收藏的油畫絕對是其中代表之作（圖2-42）。這幅作品創作於1480年代、藝文活動興盛的烏爾比諾，創作者的身分仍未有明確定論。畫面十分工整、對稱，正中央的建築類似古羅馬凱旋門，以此為中心，左右兩側各有一棟風格接近的建築。極為對稱的結構一直往畫面前景的廣場延伸，地板上的幾何花紋、四根柱子與噴水池等物件，都有助於強化整個畫面的中軸線與對稱效果。創作者還安排不少行人在這個理想城市中活動，除了讓畫面更顯活潑，也有助於讀者判斷出整個空間的距離感，想像這是個相當遼闊的城市景觀。

圖2-42　文藝復興時代的理想城市。原圖出自：https://goo.gl/ndgDze (CC0 1.0)

圖2-43 「喜劇」舞台設計。原圖出自：Serlio, *I Sette Libri dell'Architettura.*

　　追求秩序、透視的繪畫概念，更與現實需求結合，體現在劇場舞台設計。義大利建築師與建築理論家賽里歐（Sebastiano Serlio, 1475- c. 1554），曾發表了一套建築理論之作《建築七書》，其中專門討論透視法的第二卷，特定放上了三張示範用的劇場舞台設計。根據內文說明，其分別適合喜劇、悲劇與諷刺劇等三種不同情境的戲劇，又以前兩種特別設定在城市佈景中。

　　描繪喜劇與悲劇場景的版畫擁有同樣的構圖原則：將筆直道路放在畫面正中央，地面上有數條向後方延伸的透視線條，並在兩側盡可能放置相互對稱的場景。喜劇舞台有各式建築錯落在道

圖2-44　「悲劇」舞台設計。原圖出自： Serlio, *I Sette Libri dell'Architettura.*

路兩側，有些是簡陋低矮的販賣小舖，有些則是至少三層樓高的
高級宅第。道路另一端通往類似教堂的建築，其後方還有一座尚
未完成的高塔。喜劇舞台整體來看亂中有序，散發「理想城市」的
氛圍（圖2-43）。 而悲劇舞台配合戲劇的嚴肅氣氛，景觀營造嚴謹
許多。畫面中的建築更加重視高度與規模上的一致性，更重要的
是，建築立面整齊地安置在中央大街旁，保留道路的完整性。帶
有文藝復興風格的凱旋門佔據道路頂端，一旁另外有金字塔與方
尖碑，從造型與時代背景判斷，顯然是從羅馬城內古蹟獲得靈感
（圖2-44）。

　　文藝復興時代的藝術活動相當有趣，不同類型的作品常會因同樣創作理念而相互影響。最晚在中世紀後期，歐洲人開始想像一座理想城市該有的樣貌，但在有限資源下，理想城市往往只能在畫作中實現。不久後，引起無限想像與討論的理想城市景觀，以各種管道發揮更多影響力，一步步改變了羅馬城的實際面容，這也是將城市景觀類比為劇場舞台的重要源頭。曾協助教宗改善羅馬城市景觀的布拉曼帖或拉斐爾（Raffaello Sanzio da Urbino, 1483-1520）等藝術家，曾參與劇場舞台的設計並非巧合。描繪羅馬城的版畫家不可避免地也受到影響，紛紛將羅馬描繪得更加美麗動人，乃至於有時超越了現實容貌。

　　容許游離於兩端的模糊空間，羅馬城市景觀的相關版畫打從一開始就不是為了「如實呈現」而存在。這些版畫共同追求的，是一個融合「現實」與「想像」的城市景觀；唯一的差別僅只於，版畫家基於不同的詮釋角度，會呈現不同比例的想像元素。

圖2-45　　大競技場一景(1)。原圖出自：Cock, *Praecipua aliquot Romanae Antiquitatis Ruinarum Monumenta.*

在16世紀中葉，尼德蘭藝術家柯克（Hieromymus Cock, 1518-1570）試著使用新穎的版畫紀錄羅馬城市景觀。他曾在年輕時造訪羅馬，日後回到家鄉開設工作坊，與不同版畫家合作經營版畫出版業務。平時也會親自參與版畫製作，例如羅馬城的一景一物，出版於1551年的《羅馬古代遺跡的圖像》便是其代表作。

柯克承襲了尼德蘭畫家的傳統，仔細描繪每個細節，向觀者提供許多珍貴資訊。《羅馬古代遺跡的圖像》特別著重在大競技場的描繪上，以數張版畫重現不同角度、距離看到的樣貌。他先是從較為破敗的西側說明內部結構（圖2-45）。另一張版畫也著重在大競技場層層堆疊的複雜結構，再以明亮對比烘托內部的遼闊空間。畫面右側遠景以簡單線條勾勒出另一端模樣，暗示整座古蹟的遼闊範圍（圖2-46）。

圖2-46　大競技場一景(2)。
原圖出自：Cock, *Praecipua aliquot Romanae Antiquitatis Ruinarum Monumenta.*

　　在展現大競技場的概況後，柯克轉而介紹內部詳細情況。其中一張版畫直接面對大競技場內部，拱型結構組成的走道不斷往後拉，直到一個轉彎後不見蹤影。畫面左上方有個開闊的天花板，濃厚的線條說明了這裡是個陰暗之處，對比出右側的明亮戶外空間。在陰暗空間裡頭，一個短髮男子左手持長劍，右手緊抓前方女子的頭髮，向前揮動的雙手透露了當下緊張情緒，剛好有一對正在幽會、衣衫不整的男女看到此情此景（圖2-47）。這並不一定是畫家本人的親身經歷，而可能是以街頭巷尾流傳的故事為參考依據，點出古蹟也可能是社會事件的案發地點。這幅版畫的主題依舊是大競技場，但在此活動之人的一舉一動顯然佔據一定份量，從某些角度來看，其背後場景甚至可視為彰顯動作的舞台佈景。柯克的許多作品其實都帶有這番韻味，相當值得細細品嘗。

圖2-47
大競技場一景(3)。原圖出自：Cock, *Praecipua aliquot Romanae Antiquitatis Ruinarum Monumenta.*

　　提及16世紀羅馬城市景觀的版畫，杜佩拉克（Etienne Stefano Duperac, c. 1525-1604）也是非常有名的創作者。他生於法國，擅長庭園設計與描繪。二十多歲時曾到羅馬參訪、學習，為他的日後創作奠定扎實基礎。1575年，杜佩拉克出版了版畫集《羅馬城內古代遺跡的樣貌》，一併介紹羅馬城內古蹟與周圍環境。

　　杜佩拉克在描繪羅馬廣場的一景時，很難不與賽里歐的劇場舞台設計聯想在一起。一條向後方空地延伸的道路位於畫面正中央，成排的建物沿著道路整齊排列。畫面最前方的兩棟建物都是從古羅馬時代留下的遺跡，分別是左側的法斯提那神殿，以及右側的羅幕勒斯神殿。正前方有條道路，杜佩拉克安排了眾多「演員」在此展演生活風貌：一輛馬車剛好位在道路正中央，正要往畫面左側前進，四週還有不同路人往各自目標移動（圖2-48）。

圖2-48　羅馬廣場上的法斯提那神殿(左)、羅幕勒斯神殿(右)。原圖出自：Duperac, *I Vestigi dell'Antichita' di Roma*.

圖2-49　　君士坦丁凱旋門。原圖出自：Duperac, *I Vestigi dell'Antichita' di Roma.*

　　杜佩拉克繪製君士坦丁凱旋門時，仍利用透視法建構城市
遠景。視覺消失點不再侷限於畫面正中央，而是帶往畫面右上
角的提圖斯凱旋門。因為如此特別的角度，君士坦丁凱旋門立
於畫面側邊，以45度角的模樣示人。如此一來可提供更多關於
凱旋門的特色如側邊圖案、尺寸等，也不會中斷道路拉出的透
視線（圖2-49）。描繪古蹟側面樣貌，讓畫面看來更具立體感的
做法，普遍用在杜佩拉克的版畫中，萬神殿（圖2-50）、圖拉真
圓柱（圖2-51）、奧里略圓柱（圖2-52）等都是如此。

　　杜佩拉克也時常利用廣角、鳥瞰等特殊視覺角度，某些規
模較大的主題尤其合適。像是以聖天使堡為主的版畫中，觀者

彷彿是從該建築正對面的一處高地觀望，而非一般人站在平地上仰望的情況（圖2-53）。描繪卡拉卡拉賽馬場時，模擬從高山上往下觀看的視野，一覽古蹟全貌及空間裡的故事。有人帶著牛隻羊群到此放牧，或是打量著此處的悠久歷史，角落還有三隻狗盡情追逐奔跑，充滿田園風景畫的閒暇之情（圖2-54）。

(由上至下)
圖2-50　萬神殿。
圖2-51　圖拉真圓柱。
圖2-52　奧里略圓柱。

原圖皆出自：Duperac, *I Vestigi dell'Antichita' di Roma.*

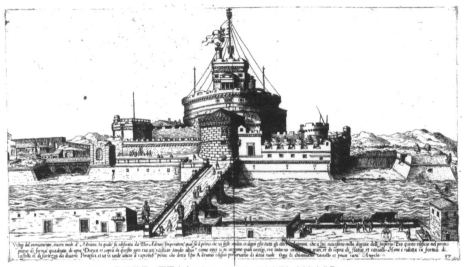

圖2-53　聖天使堡。原圖出自：Duperac, *I Vestigi dell'Antichita' di Roma*.

圖2-54　卡拉卡拉賽馬場。原圖出自：Duperac, *I Vestigi dell'Antichita' di Roma*.

　　柯克與杜佩拉克各有其特色。前者在明暗對比的場所，將城市生活場景刻畫得別具戲劇張力；後者則運用靈活大膽的透視法，創造出相對豐富的空間感。不過如果試著將這兩人放到更大的時空脈絡來看，皆意味著使用版畫散佈羅馬城市景觀，已經是日漸稀鬆平常的情況。有這樣的發展絲毫不令人感到意外，早在中古歐洲，人們就注意到視覺圖像的莫大效益，例如精美壁畫與宏偉建設，也可以是傳遞訊息的便捷工具。隨著印刷技術日漸成熟，版畫順勢成了新穎且便利的傳播媒體。以上作品都是順著這股趨勢而生的創新之作，即便是文盲都可透過圖片，遙想遠在另一端的羅馬城究竟長什麼樣子。

　　然而，對羅馬城市發展史稍有認識的人都會發現，柯克和杜佩拉克忽略了城市發展現況，多半將焦點集中在有數個世紀歷史的古蹟群。不過這種情況並未維持太久，一旦大家注意到版畫的實用價值，遲早會開始介紹版畫中的城市發展。如同前面提到，16世紀末的出版商將大量版畫編入導覽手冊當中，其中有不少是「遷移方尖碑」此一當代大事。

　　為教宗工作的豐塔那也清楚知道圖像的巨大效益，在他出版的《方尖碑搬運工程》裡頭，版畫的重要性絲毫不下於文字。這些版畫當然稱不上是所謂的城市風景畫，但就像當代導覽手冊收錄的版畫，希望更多人注意到羅馬城的光榮不再只是集中在古典時代的遺留，如今規模宏大的現代建設一樣有著無限魅力。接下來會有更多版畫家抱持相同想法，持續創造關於羅馬城市景觀的作品。

5.

巴洛克版畫中的羅馬城

　　16世紀之後，歐洲藝術風格逐漸踏入所謂的巴洛克時代。大體來說，文藝復興和巴洛克藝術差別在於：後者比起前者更懂得操弄光影對比、透視技法與空間規劃等技巧，更能創造出令人感到新奇、驚艷的視覺圖像。即便描繪主題相同，杜佩拉克和克魯爾的實際成果的確有極大差異。想要更清楚巴洛克版畫家演變至此的過程，可另外觀察當代的兩個有趣案例：梅爾卡蒂（Giovanni Battista Mercati, 1591-1645）與西維斯特（Israel Silvestre, 1621-1691）。

　　梅爾卡蒂出生在義大利的托斯坎尼，是個相當多產的藝術家，關於羅馬城市景觀的版畫，集結在1629年出版的《羅馬城內郊區景觀圖》一書。早期版畫即使會在同一畫面放置多個物件，但主題建物如不是位於畫面正中央，就是會以盡可能放大比例的方式突顯出來。梅爾卡蒂捨棄了這種做法，時常將主題物件放在相對不起眼的地方，反倒是與之無直接相關的事物充斥在畫面前景或正中央。

　　當梅爾卡蒂要表現大競技場的風貌時，選擇將聖彼得鎖鏈
堂附近古蹟（或是教堂本身）的一角放在畫面前景，更往遠方是
一塊明亮空地，剛好對比出位於遠端、色調偏暗的大競技場（圖
2-55）。在名為「從大競技場觀看聖斯德望圓形堂」的作品中，
大競技場化為左側的陰暗區塊，配合右側樹林，試圖把觀者視
野引導到明亮的中央，觀看遙遠的聖斯德望圓形堂與附近拱門遺
跡。這幅版畫的主題雖為聖斯德望圓形堂，卻只不過是城市景觀
中的一部分，無法單獨構成為結構完整的畫面（圖2-56）。

圖2-55
從聖彼得鎖鏈堂眺望大競技場。原圖出自：Mercati,
*Alcune Vedute et Prospettive di Luoghi Dishabiatati
di Roma.*

圖2-56
聖斯德望圓形堂。原圖出自：Mercati, *Alcune Vedute
et Prospettive di Luoghi Dishabiatati di Roma.*

　　梅爾卡蒂描繪羅馬廣場的手法別具創意（圖2-57）。畫面正
中央有個開闊空間，僅能從細微處判斷所在位置是廣場的東南一
角。例如畫面右側有著三排列柱、日後改建城教堂的法斯提那神
殿，最遠處隱約可見塞維魯凱旋門輪廓。廣場上沒有任何人跡的
處裡方式不太合理，畢竟該地自古以來，一直是許多人會前往
參訪或放牧的地點。暫且忽略這點，梅爾卡蒂不急者塞入大量古
蹟，選擇了表現佔大空間的畫面結構，在此之前的確非常少見。
　　另一張同樣以羅馬廣場為主題的版畫有著豐富許多的內容

圖2-57　　羅馬廣場北端。
原圖出自：Mercati, *Alcune Vedute et Prospettive di Luoghi Dishabiatati di Roma.*

（圖2-58）。其採取完全相反的觀看角度，望向廣場東南方，畫面前景處的三根柱子為卡斯托里神殿遺跡；畫面最左邊、有著圓弧外觀的建物，則是羅幕勒斯神殿。廣場盡頭處的聖方濟加堂有文藝復興式的外觀，著名的大競技場位處其身後。仔細比對的話，這張版畫帶有不盡然符合現實的地方：聖方濟加堂和卡斯托神殿遺跡位於同一視覺軸線上，又要能夠看到羅幕勒斯神殿的邊緣，在現實狀態下幾乎不可能達成。梅爾卡蒂的做法是壓縮整個廣場的寬度，減少各標的物的相對空間距離後，才能實現他捕捉的羅馬廣場。

圖2-58　羅馬廣場南端。
原圖出自：Mercati, *Alcune Vedute et Prospettive di Luoghi Dishabiatati di Roma.*

　　從聖母大殿的版畫來看，梅爾卡蒂營造宏偉感的做法也相當值得一提（圖2-59）。畫面可見禮拜堂穹頂及入口處的塔樓，不過最重要的教堂本身，卻是遮掩在一片相當破敗的城市場景之後。梅爾卡蒂並不打算直接告訴任何人教堂與廣場的具體尺寸，而是透過「新舊」、「明暗」之間的強烈對比，以及僅露出少數特徵的遮掩，邀請觀看者主動發揮想像力。這種略為模糊的想像空間，使城市景觀擺脫現實條件的侷限，無形中創造出更能容許誇張效果的範圍。如果梅爾卡蒂將所有條件清楚示人，觀者只能被動接受版畫上的訊息，想像的可能性也將消失殆盡。

圖2-59
聖母聖殿與方尖碑。原圖出自：Mercati, *Alcune Vedute et Prospettive di Luoghi Dishabiatati di Roma.*

　　簡言之，梅爾卡蒂熟練運用光影效果與明暗對比襯托主題，透視技法上也掌握了線性透視和空氣透視的原則，加上精準掌握細節與比例描繪，處處顯露難以挑剔的寫實效果。不過當他承襲前人技術時，並未一味仿效既有繪圖結構，大膽以自己的觀點，開創出另一套誇飾羅馬城的方式（圖2-60、2-61、2-62、2-63）。梅爾卡蒂再次證明了，在版畫發展史的過程中，承襲與創新都是不可或缺的成分。

2-60	2-61
2-62	2-63

圖2-60　從城外觀看聖天使堡與聖彼得大教堂。
圖2-61　大競技場內部結構(1)。
圖2-62　大競技場內部結構(2)。
圖2-63　帕拉提諾山丘上的古代遺跡。

大約與梅爾卡蒂同時，來自法國的藝術家
西維斯特則以另一種風格紀錄羅馬城的發展。就
時間點上，西維斯特的創作高峰期剛好介於教宗
烏爾班八世和英諾森十世之間，也就是亞歷山
大七世尚未出現、且法達還未闖出名號之前。他
在《羅馬城的古代與現代模樣》一書中描繪的古
蹟，不因古老而顯得破敗，相反的還因視覺錯
覺，散發出宛如古羅馬帝國再現的恢宏氣勢。

西維斯特由南向北觀看的波波洛廣場（圖
2-64），會先遇到高聳方尖碑，接下來朝向廣場空
間延伸出去，抵達最重要的城門與波波洛聖母聖
殿。波波洛廣場容納了為數不少的牲畜與人群，
使人們得以試著想像，如果站在羅馬城內交通量
最大的廣場，會是何種熱鬧、忙碌的景象。另外
值得注意的是，教宗已開始整修波波洛城門的外
觀，底部有四個巨大壁柱排列在中央出入口的兩
側，顯然又是個取自凱旋門的設計。整修工程一
直要到亞歷山大七世時期才會完工，成為迎接瑞
典女王的第一現場。

Piazza della Madono delle Popolo

P. Mariette ex.

Auec priuil. du Roy.

8

圖2-64　　波波洛廣場北端，城門正在修建中。原圖出自：Silvestre, *Antiche e Moderne Vedute di Roma e Contro Fate da Israel Silvestre*.

　　因為創作上的時間點，西維斯特描繪的聖彼得大教堂特別具有歷史價值（圖2-65）。他在教堂與方尖碑之間拉出一個開闊的空間，不同階級、身分的人聚集在此，比波波洛廣場更加熱鬧擁擠，但他們都因為教堂的巨大外觀而顯得渺小。這張版畫紀錄了聖彼得廣場的原始模樣，兩側盡是造型不一的建築物，也缺乏了適度的遮蔭空間，突顯出貝尼尼日後設計的精巧之處。

　　西維斯特最顯著的風格在於，喜歡利用地形或視覺上的高低落差，極盡所能放大古蹟的尺寸比例，因而時常創造出帶有超現實感的戲劇性空間。至於畫面中的細節描繪，在許多時候都是點綴之物。例如他在為羅馬廣場留下紀錄時，選擇以君士坦丁集會所為主視覺，卻不像前人那樣直接表現正面，反而是保持一段距離，展示一大片緩坡，以及在上頭的芸芸眾生，最後才是異常巨大的遺跡（圖2-66）。

Veuë de la place et de l'Eglise de S. Piere et du Palais du Pape appellé le Vatican.

Graué par Israel Silvestre   A Paris Chez Pierre Mariette rüe S. Iacque à l'Esperance.   Auec priuilege du Roy

圖2-65　聖彼得廣場整修前的模樣。
　　　　原圖出自：Silvestre, *Antiche e Moderne Vedute di Roma e Contro Fate da Israel Silvestre.*

Veftigy del Tempio della Pacé

Gravé par Ifrael Sylueftre

Campo Vacina

P. Mariette ex

圖2-66　以君士坦丁集會所為主角的羅馬廣場。
原圖出自：Silvestre, *Antiche e Moderne Vedute di Roma e Contro Fate da Israel Silvestre.*

2 Sta Francesca Romana

Auec priuilege du Roy 2

從較早期的柯克、杜佩拉克，再到梅爾卡蒂和西維斯特等人，這一連串的版畫家無論偏重主題為何，盡可能讓羅馬看來宏偉壯觀的企圖未曾改變。他們努力以版畫捕捉羅馬城市景觀，在保留了豐富資訊之餘，也紀錄了教宗與世人期待看待到羅馬城，開闢出可遊走於現實與想像之間的空間。如果要批評這些版畫「不夠真實」，顯然就錯誤認知其創作本意；或者說，一味追求視覺感受上的真實性，只會忽略隱藏在有形事物下的無形理念。

到了亞歷山大七世時期，城市建設和版畫製作毫無意外地緊密結合在一起。即便版畫的最終表現與親眼所見的感受不盡相同，但在那樣的背景環境下，缺乏了「誇飾」與「理想化」的版畫，反倒是不合格的作品。亞歷山大七世利用這些藝術家的精湛手法，讓更多人對羅馬城的「劇場」留下深刻印象，並打自內心發出讚嘆之聲：羅馬處處充滿了世界上其它地方不具備的偉大光輝，「世界劇場」的稱號當之無愧。

羅馬：
大旅遊時代的觀光重鎮

A travelling Governour.

I.

前往羅馬

西元1725年，畫家蓋茲（Pier Leone Ghezzi, 1674-1755）以簡單材料完成一幅可愛的作品——《旅遊管理者》（圖3-1）。卡通化的老人扳起面容望向遠方，右手拿著枴杖直立地面，左手牽一隻身著正式服裝的小熊，表情有點呆滯地與老人望向同一方向。在18世紀歐洲，偶爾可以看到馴獸師帶著小熊往來各處，利用牠們的雜耍表演維生。蓋茲特地讓小熊穿上衣服，並由一位老人牽著的模樣，都讓當代人一眼可知，畫家其實是用逗趣的譬喻形容大旅遊者與嚮導之間的微妙關係。

17世紀歐洲可不是個平靜之處。在16世紀爆發的宗教衝突，於當世紀末暫時停歇，各勢力之間勉強維持脆弱的和平；到了16世紀初，在波西米亞王國的一場宗教衝突，因為哈布斯堡家族錯綜複雜的外交關係，引發一連串曠日費時的戰爭，也就是後來統稱的「三十年戰爭」。哈布斯堡家族作為羅馬教廷的長期盟友與支配者，自然是天主教陣營的主要勢力，與日耳曼北方的新教諸侯相互抗衡。為了削弱哈布斯堡家族，北方大國瑞典以新教援軍之姿突入歐洲戰場，為天主教陣營帶來莫大威脅；另一歐洲強

圖3-1　蓋茲的繪畫作品《旅遊管理者》，以當代盛行的大旅遊為創作題材。
來源：Wellcome Collection, https://wellcomecollection.org/works/zd6gfdjc?query=Pier+Leone+Ghezzi

權法國則是擺脫宗教顧慮，以霸權競爭為考量站在哈布斯堡家族的對立面。三十年戰爭以日耳曼地區為主戰場，造就不少軍事天才、誘使歐洲軍事技術大幅革新，對當地造成的破壞卻也是史無前例，整個村子完全消失的情況所在多有。

　　從結果來看，反天主教（或是反哈布斯堡家族）陣營算得上是戰勝國。法國、瑞典、普魯士的國界大幅擴張，神聖羅馬各邦國的宗教信仰自由再次獲得確認，皇帝實權更顯低落。早在拿破崙要求解散神聖羅馬帝國前，這個古老的帝國就已支離破碎，只能依靠對大一統帝國的想像勉強支撐。

　　三十年戰爭結束後，戰爭依舊時有所聞，不過比起先前緩和許多。更何況當時還是「全面戰爭」尚未到來的年代，國家爆發戰爭，平民仍有可能過上平靜的日常生活。過去因戰爭和外交衝突受阻的交通再次開放，於是一群來自歐洲北方的富家子弟趁此機會探索歐洲各地，開啟17、18世紀的「大旅遊」風潮。

　　既然名為大旅遊，著實是個十分漫長且所費不貲的旅程。當時的人們認為，年輕人在完成學業、將要獨立自主前，應該到歐洲各地增廣見聞，試著學會獨當一面。在檯面下，大旅遊也是讓他們在承擔成年人的重責大任前，最後一次得以狂歡的機會。不過為了避免他們過度放縱，出資者有時會另外聘請學識豐富的長者作為嚮導與監管者。年輕的大旅遊者就像蓋茲描繪的小熊，即便心裡有不受控制的玩心，仍不免受到他人約束，繼續朝向合理的方向前進。

　　大旅遊的目的地大致可歸類為兩個地區：法國和義大利。當時的法國告別16世紀的動亂，逐步邁向全歐洲最強大的中央集權君主國邁進，宮廷文化在路易十四治下更是發展至極，蔚為當代宮廷禮儀和穿著打扮的典範。至於義大利，則是以豐富文化底蘊吸引外界目光。義大利是文藝復興與巴洛克藝術的發源地，數不盡的大師傑作讓眾人嚮往不已。此外，義大利也是古典文明的核心區域，特別是當時希臘半島受到鄂圖曼帝國的控制，如果要欣賞到質精量多的古典遺跡，義大利絕對是不二選擇。

　　大旅遊者的義大利之行也有熱門景點之別。辛苦越過阿爾卑斯山脈後，威尼斯是許多人的首選。這座城市即便不再是縱橫地中海的商業帝國，繁華熱鬧的氣質卻仍未褪去，帶給人們一波波感官刺激。再繼續往南，佛羅倫斯也是主要參訪景點，畢竟這裡曾是多位藝術家的搖籃，貴為全歐洲的藝術典藏重鎮。在前往更南端的拿坡里和龐貝遺跡前，人們通常會先在羅馬停留好一陣子。

　　在羅馬，最引起大旅遊者注目的，除了眾多教堂，就屬古典時代的古蹟，觀看的同時遙想曾統治地中海世界的龐大帝國。同樣值得一看的還有各種現代化發展。比起當時其它歐洲城市，羅馬城的都市改造工程大膽且完整，值得花上數個禮拜慢慢欣賞。再加上難以數盡的藝術品與娛樂活動，實在無法想像一場沒有羅馬的大旅遊行程。在這樣的背景下，名為「世界劇場」的羅馬，準備迎來法國大革命前的最後熱鬧時光。

世界劇場：

16-18世紀版畫中的羅馬城

圖3-2　著名畫家維特爾的早期版畫作品。
原圖出自：Meijer, *L'Arte di Restituire à Roma la Tralasciata Navigatione del suo Tevere, Roma：*
nella stamperia del Lazzari Varese.

　　費盡千辛萬苦、好不容易抵達羅馬，而且很可能會是人生中唯一一次的造訪，大旅遊者通常會想方設法帶些紀念物品回去。不少人會搜購古代雕像，其數量之多一度迫使羅馬教廷正視文物大量流失的危機。另一種紀念品則是向藝術家訂購客製化油畫，尤其喜好背景搭配著名景點或文物的全身畫像，頗有現代人以自拍方式表現到此一遊的心態。

　　大量市場需求造就一批頗具知名度的風景畫畫家。維特爾（Gaspar Van Wittel, 1653-1736）在1652年出生於荷蘭，20多歲移居義大利，不久後遇到水利工程師梅耶，為他創作了具有藝術魅力的工程解說版畫：將方尖碑轉換為日晷的波波洛廣場（圖3-2）。此後，維特爾並沒有留下太多版畫作品，反而是以油畫為主要創作，題材多半與羅馬城市景觀相關。另外還有同時期的帕尼尼（Giovanni Paolo Panini, 1691-1765），其作品以極度誇張的空間感，以及「隨想」風格聞名於世。所謂的隨想風格，意指畫面中的物件都是真實存在，但為了畫家或委託者的個人喜好，使之隨性地放置在同一畫面中，增添不少賞畫樂趣，例如將應在卡彼托林廣場的奧里略騎馬像，放置在大競技場旁，然後前面還有一尊拉奧孔像。

圖3-3　帕尼尼，《現代羅馬》。
來源：https://www.metmuseum.org/art/collection/search/437245

　　帕尼尼最有名的作品，莫過於內容上相互呼應的《現代羅馬》（圖3-3)和《古代羅馬》（圖3-4）。他的作法是在一個極度開闊的室內空間裡，將城內景點以繪畫的方式排列在一起，等於是將羅馬城市景觀濃縮其中。在《現代羅馬》中，中央走廊擺放數尊雕像，米開朗基羅製作的摩西像位於最顯眼的正中央，法達的版畫放置在其前方地板上。羅馬城市景觀的油畫掛滿整個空間，只要仔細觀察都能辨識出所繪何物，例如在畫面左上方，被紅色布幔遮去大半的作品，顯然是密涅瓦方尖碑與周圍廣場，周圍還掛著描繪聖彼得廣場、四河噴泉、西班牙階梯與特雷維噴泉等油畫；羅馬城自16世紀以來的重大建設，幾乎都囊括在《現代

圖3-4　帕尼尼，《古代羅馬》。
來源：https://www.metmuseum.org/art/collection/search/437244

羅馬》中。《古代羅馬》採用一模一樣的構圖概念，牆上繪畫
都是城內知名古蹟的特寫，對於曾實際遊覽羅馬的大旅遊者而
言，想必能發垷許多熟悉場景。

　　維特爾或帕尼尼的作品滿足了當代人對羅馬城的迷戀，方
便日後帶回家鄉細細品味。但油畫畢竟是昂貴且曠日費時的
紀念品，即便家財萬貫，大旅遊者依然會轉而尋找相對便宜、
選擇更多樣化且便於攜帶的版畫。當代版畫家們如同他們的前
輩，敏銳察覺到源源不絕的商機，創造出不同於油畫的獨特之
作，間接為大旅遊的盛況留下珍貴紀錄。

2.

庇拉內西的奇幻古羅馬 ————————

　　西元1720年，庇拉內西（Giovanni Battista Piranesi, 1720-1778）生於義大利北部，在20歲那年跟隨威尼斯大使前往羅馬。庇拉內西在羅馬學習繪畫技巧期間，不僅親眼觀察諸多古蹟，還很幸運地結識地圖測繪者諾里（Giovanni Battista Nolli, 1701-1756），掌握景物實測的技巧；大約也是在此期間，他開始嘗試版畫製作。後來因為種種因素，庇拉內西曾短暫離開羅馬，造訪義大利各地並持續累積創作經驗。版畫市場因大旅遊時代不斷擴張，使庇拉內西得以在1747年重返羅馬，在城市鬧區開設自己的店舖，專門以版畫製作和販賣維生。成功的版畫家往往都有個共通特色：產量多且主題多元。較早期的西維斯特除了描繪羅馬城市景觀，也擅長捕捉法國境內的花園和宮廷造景；法達的多元性更是不在話下，如同前述，創作題材更橫跨工程解說圖與地圖。不過與庇拉內西相此，西維斯特和法達的產量恐怕都還略顯遜色。從第一次抵達羅馬開始算起，一直到1778年逝世為止，在這三十多年的創作生涯中，庇拉內西一共出版了十餘冊版畫集，而這還沒算入為數不少的單張出版作品。

　　「奇幻」相當適合用來形容庇拉內西的版畫風格。他非常注重比例或細節上的描繪，不過也就是因為他熟稔於此，才能接連創造出打破常理的奇幻之作。1745年問世的作品《建築群像》，描繪他看到古蹟群後，再利用想像重新建構而成的模樣。像是在其中一張版畫中，畫面前景的水池周圍擺放著倒塌石柱，一旁有棕櫚科植物；更後面是殘破的古羅馬遺蹟，一旁還有人面獅身像隱藏在樹蔭底下，整體看來就像是將古羅馬場景搬到埃及展示（圖3-5）。

圖3-5　《建築群像》收錄之版畫，融合了異國風情與古羅馬遺跡。
原圖出自：Piranesi, *Prima Parte di Architecture, e Prospettive.*

Galleria grande di Statue, la cui Architura, è con Archi e col lume preso dall'alto. Ella resta nel mezzo di due simpli Corteli, e nel quale si ascende per mezzo di magnifiche Scale Vi sono Statue Bassi rilievi antichi, Iscrizioni Sepolcrali ed altre ornamenti.

Tempio antico inventato e disegnato alla maniera di quelli che si fabricavano in onore della Dea Vesta; quindi vedesi in mezzo la grand'Ara sopra della quale conservavasi dalle Vergini Vestali l'incomparabile fuoco sacro. Tutta l'opera è Corintia ornata di statue e di bassi rilievi, e di altri ornamenti sacri. Il piano di questo Tempio è notabilmente elevato dal suolo vedesi in mezzo la Cella rotonda, come lo è pure tutto il gran Vaso del Tempio stesso quattro Scale portavano ad essa, e per altrettante scale si ascendeva. Le pareti del gran Tempio hanno due ordini, sopra il secondo s'incurva una vasta Cupola, con isfondati e rosoni, e termina in una grande apertura, dalla qle dipende il lume alla Cella che le sta sotto.

其他分別以「雕像展示廳」和「古代神殿」為主題的版畫，也是利用既有的古典建築語言，建構出曾未有過的仿古建築。雕像展示廳有個異常巨大的內部空間，四處豎立著比人還高大的雕像，安置在巨大柱子附屬的壁龕內。這些柱子支撐著上方的拱形結構，散發出彷如聖彼得大教堂的韻味（圖3-6）。古代神殿一圖也有個遼闊主空間，隨著樓梯往上可抵達幾十公尺高的祭壇，上頭再覆蓋著巨大穹頂，其造型毫無疑問參考自萬神殿的設計（圖3-7）。

從各種跡象來看，研究、紀錄古代遺跡是庇拉內西的人生志業。他在回到羅馬的隔年，也就是1748年，完成了介紹羅馬城內古代遺跡的專書《古代凱旋門與其它建築的數幅景象》。如同其名，這部作品專門展示羅馬城內古蹟風貌，翻閱之後可發現，庇拉內西更想藉此營造出一個龐大帝國滅亡後的滄桑感。他大量運用強烈明暗對比、略為粗糙與不連貫線條，以及各處殘破物件和叢生雜草，盡一切所能強調古蹟的殘破與古老歷史。比如庇

圖3-6「雕像展示廳」。
原圖出自：Piranesi, *Prima Parte di Architecture, e Prospettive*.

圖3-7「古代神殿」。
原圖出自：Piranesi, *Prima Parte di Architecture, e Prospettive*.

拉內西在描繪君士坦丁凱旋門時，從佈滿雜草的古老拱門底下望
去，從而將其在一個略顯陰暗的框架中呈現（圖3-8）。

　　強調歷史滄桑的畫風持續出現在1756年出版的《古羅馬遺
跡》，他再次利用雜草、碎片與眾多陰影，表現提圖斯凱旋門的
歷史氣氛（圖3-9）；即便是位於羅馬市中心的奧里略圓柱，也不見
前人描繪時的光鮮亮麗，委身在狹窄陰暗的空間裡（圖3-10）。本
書也包含了數張古典建築平面圖，透露了庇拉內西對古跡的高度
興趣，此時進一步發展為更艱深的研究工作上（圖3-11）。

圖3-8 庇拉內西的君士坦丁凱旋門，相當刻意營造古老氛圍。
原圖出自：Piranesi, *Alcune Vedute di Archi Trionfali, ed Altri Monumenti*.

18世紀是大旅遊的時代，也是古典考古學大為盛行的年代。不少大旅遊者常將考古挖掘視為當然行程，或著至少也要親自前往參訪古代遺跡。《古羅馬遺跡》的出現，正是庇拉內西當年遇到一位有意贊助其出版的英國貴族；但到了後來，這位貴族放棄了贊助計畫，一度讓庇拉內西大為憤怒。其實不難理解原贊助者想逃避的心態，因為《古羅馬遺跡》共分四大部，包含了至少200張版畫，是庇拉內西一生中規模規模最大的作品，要完整出版必定所費不貲。

圖3-9 提圖斯凱旋門。
原圖出自：Piranesi, *Le Antichita' Romane*.

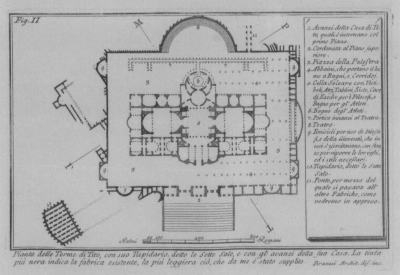

(上) 圖3-10　奧里略圓柱。

(下) 圖3-11　提圖斯大浴場平面圖。

原圖皆出自：Piranesi, *Le Antichita' Romane*.

　　庇拉內西在《古羅馬遺跡》充分展現了他長年來的研究成果與心得。書中版畫根據主題可以分為兩大類，其一是方才提到的古蹟實景圖，另一則是古蹟物件展示圖，如同介紹奧古斯都陵墓時，前方放置著在此處挖出來的方尖碑、雕像與碑文，並附上非常詳細的文字說明，古典時代的地圖碎片則是另一代表性案例（圖3-12、3-13）。

　　在扎實的考古知識上，庇拉內西持續累積創作實力，接連出版了同樣精采的作品。例如西元1762年出版的《古羅馬的馬爾斯平原》。所謂的馬爾斯平原，泛指台伯河沿岸的平原區域，相對於羅馬城東半部的山丘地形，馬爾斯廣場因為不易防守與排水，自羅馬城發展以來一直是人煙相對稀少的區域。該處在早期曾是羅馬士兵集結地點，因而冠上馬爾斯（戰神）之名。隨者羅馬帝國的勢力逐漸強大、城市人口增加，許多平民選擇落腳於馬爾斯平原，再加上陸續興建的大型公共設施，逐漸成為全城最熱鬧的地方。對庇拉內西那個時代的人而言，古代最熱鬧的地方，幾乎等同於永無枯竭的考古遺產，在馬爾斯廣場可以發現奧古斯都陵墓、哈德良陵墓、大競技場與數座神殿、浴場或方尖碑。庇拉內西對這個區域的研究與想像，最後便匯集成《古羅馬的馬爾斯平原》一書。

(上) 圖3-12　以奧古斯都陵墓為背景，放置各式各樣在此發現的古代物品。
(下) 圖3-13　古典時代的羅馬城地圖碎片散佈四周，中央是庇拉內西以當代羅馬另外仿畫之作。
原圖皆出自：Piranesi, *Le Antichita' Romane*.

　　《古羅馬的馬爾斯平原》的封面以氣勢磅礡的奇幻風格，預告了本書特色（圖3-14）。畫面視野鳥瞰台伯河岸，靠近前景的河岸邊散佈著賽馬場、神殿，以及造型多變的建築物。跨越橋樑抵達另一側時，一座類似巴別塔的高聳建築迎接來往路人，其周圍另有多棟附屬建築，井然有序排列在方形迴廊中。更外層空間有大量樹木與方尖碑組成的造景，配合自然環境形成包括大型水池在內的公共空間。高塔正後方是個往台伯河延展的扇型建築，通往一棟集中式建築，從多層次建築體與上頭的園林造景來看，庇拉內西顯然借用自奧古斯都陵墓的原始外觀。以現在的考古成果來看，庇拉內西描繪的場景過於超乎現實，有太多的方尖碑、金字塔與公共設施，彷彿羅馬城內到處都是這些物件，絲毫不見一般民宅。另外收錄一張同樣充滿奇想的地圖，其中一塊區域便是方才看到的部分（圖3-15）；再看看其他地方，不由得驚訝庇拉內西的想像力。建築平面採用多種幾何造型，從最基本的方形、橢圓形、圓形，一直到星形、扇形等，再組合排列出多種樣式，豐富程度就連巴洛克花園的代表——凡爾賽花園也難以與之比擬。

(左) 圖3-14　《古羅馬的馬爾斯平原》封面，背景是庇拉內西個人想像中的古代羅馬城。

(右) 圖3-15　古羅馬河邊城區的平面圖，部份地方可與圖3-14的實景圖相呼應。

原圖皆出自：Piranesi, *Il Campo dell'Antica Roma.*

世界劇場：
16-18世紀版畫中的羅馬城

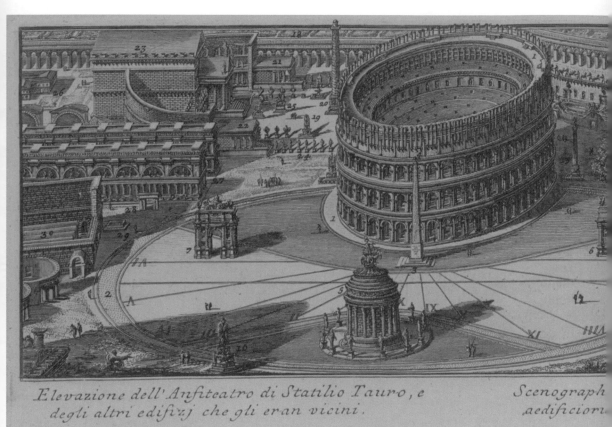

Elevazione dell'Anfiteatro di Statilio Tauro, e
degli altri edifizj che gli eran vicini.

Scenograph
aedificioru

圖3-16 《古羅馬的馬爾斯平原》收錄的古羅馬劇場與橢圓廣場。
原圖出自：Piranesi, *Il Campo dell'Antica Roma.*

ri Statilii Tauri, aliorumque
prope habuit.

Piranesi F.

與如此複雜的城市景觀相呼應
的，則是庇拉內西刻意挑選數座重
要古蹟，繼續用奇幻格風「重建」
當年模樣。比如〈塔羅劇場與周圍
建物立面圖〉重現西元一世紀的古
羅馬劇場，與河岸之間隔著一片非
常開闊的廣場，上有巨大方尖碑、
神殿和兩座凱旋門。廣場輪廓採用
橢圓形佈局，以方尖碑為中心畫出
多條日晷刻度的直線（圖3-16）。

另外，庇拉內西在萬神殿建物
後方設置了遼闊的園林造景和大型
水池，增添神聖清幽的氛圍，當然
這從未出現在歷史上（圖3-17）。

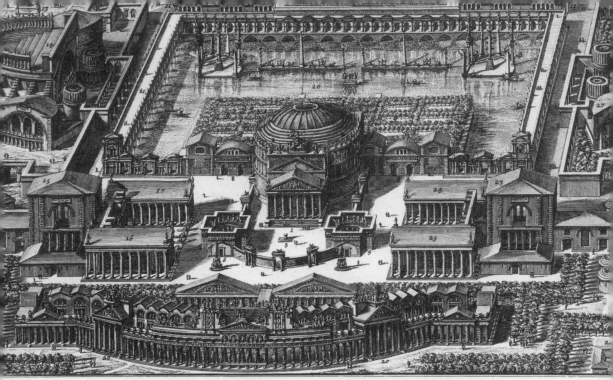

Elevazione del Pantheon, e degli altri edifizi che gli eran vicini.

Scenographia Panthei aliorumque aedificior quae prope habuit.

Piranesi F.

圖3-17 《古羅馬的馬爾斯平原》收錄的萬神殿與週遭環境，帶有不少奇想成分。
原圖出自：Piranesi, *Il Campo dell'Antica Roma.*

　　繼《古羅馬的馬爾斯平原》之後，庇拉內西在1775年出版了
《宏偉的大理石圓柱》。論及版畫張數，本書以庇拉內西的標
準來看並不算是特別多，但資訊量與版畫類型的多元性卻是歷
年來之最。《宏偉的大理石圓柱》以圖拉真圓柱為主角，封面
標題處處可見相關圖騰裝飾：代表羅馬帝國的老鷹翱翔在標題
正上方，刻有圓柱和皇帝圖拉真側臉像的紀念章放置在兩側羽翼
上。建造圓柱是用來慶祝皇帝大勝達其亞人，因而標題下面放了
兩個斷手的達其亞人雕像（圖3-18）。

圖3-18 《宏偉的大理石圓柱》封面。
原圖出自：Piranesi, *Trofeo o sia Magnifica Colonna Coclide di Marmo*.

　　為了盡可能讓讀者知曉圖拉真圓柱的原始模樣，庇拉內西特定放上背景一片空白、僅有圖拉真圓柱與說明文字的版畫（圖3-19）。沒有經過特殊角度與比例上的變形，庇拉內西力求圓柱最真實的模樣，就連頂端裝飾也更換成初始的皇帝雕像。同時還有圓柱內部的剖面圖，清楚展現供人使用的內部階梯（圖3-20）。圓柱外層刻滿了作戰場景，對於了解古羅馬軍隊編制與戰場文化而言，是相當重要的史料。不過原件尺寸巨大，加上風化磨損與光線角度，現場觀看還不一定比欣賞庇拉內西的版畫來得清楚（圖3-21、3-22）。在此之前，從未有版畫家以這麼有系統又清晰的方式介紹圖拉真圓柱。

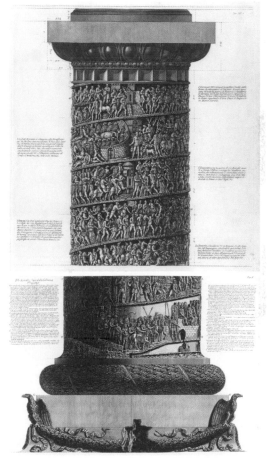

圖3-19 (左頁左) 圖拉真圓柱復原後樣貌，一旁還有許多說明文字。
圖3-20 (左頁右) 圖拉真圓柱剖面圖。
圖3-21 、 圖3-22 (右圖上、下) 圖拉真圓柱細節圖。
原圖出自：Piranesi, *Trofeo o sia Magnifica Colonna Coclide di Marmo*.

　　《建築群像》、《古代凱旋門與其它建築的數幅景象》、
《古羅馬遺跡》、《古羅馬的馬爾斯平原》以及《宏偉的大理石
圓柱》等，這一連串關於羅馬城內古蹟與考古的著作，佔據了庇
拉內西一生中的大半創作時間。其中內容一再顯示，這些古典時
代的遺物，以及背後代表的歷史韻味，才是最讓庇拉內西嚮往的
成分；當他不斷地將古蹟加上雜草與破損處時，其實是在讚頌歷
史，想像與感受當年盛況。

　　庇拉內西的態度也是眾多大旅遊者的共有情感。他們前往羅
馬，很大一部分都是著迷於過去，希冀透過古蹟稍微想像古羅馬
帝國。如同英國的第二代巴麥尊子爵（2nd Viscount Palmerston,
1739-1802）在1764年時，寫下了當代人是如何高度著迷羅馬城
內古蹟：

當某人抵達羅馬時，並非所有事物都能引起他的注意，不同事物有其差別……古典時代留下的偉大遺產如萬神殿、大競技場等，很自然地在第一時間引來人們的讚嘆……[1]

充滿創作力的庇拉內西，不斷將古代遺跡景象轉為版畫，以廉價、便利的方式供人收藏。如果說以往的版畫是帶著眾人跳脫空間的限制，得以在遙遠的一端見識羅馬，那麼庇拉內西的作品，便是帶領眾人穿越時間的侷限，神遊到那個引起無限想像的古代羅馬。

1　When one first comes to Rome one is not equally struck with everything at once, but the different objects make their impressions successively...... The great remains of antiquity such as the Pantheon, Coliseum etc. are naturally attract one's admiration first ....

3.

人人必備的紀念品 ────────

　　1778年，也就是庇拉內西死後不久，後人以他為名出版了一部
規模龐大的版畫集《羅馬城市景觀》，收錄他一生中創作的羅馬城
市景觀版畫。16至18世紀的版畫製作不一定都是製作所有圖版後，
再一口氣印刷出版。某些出版商會選擇採用較有彈性的銷售策略，
比如出售單張版畫，好讓購買者挑選特定內容後，再自行送去裝訂
成冊，這也是庇拉內西在販售上述版畫時曾採用的方式。

　　除了是古蹟研究者，庇拉內西在當時也以捕捉羅馬現況廣為
人知。他從1740年代起以此為主題開始創作，直到逝世時共計有
135幅版畫，也就是以平均每年四幅的速度推陳出新。不少人在
造訪羅馬時，總會購買幾幅他的版畫，當作是送禮自用皆宜的紀
念品。也因為有接連不斷的銷售收入，才能支持庇拉內西從事其
它創作。

《羅馬城市景觀》可區分為兩大主題：
現代建設與古代遺跡，而且會針對熱門景點
描繪不同視角。像是聖彼廣場的版畫有三
幅，其一是從廣場入口處望向教堂，向後退
縮的視野刻意擴大入口處（圖3-23）；另一
張採取類似構圖，但畫面比例寫實許多，沒
有過度擴張的空間感（圖3-24）；最後一張
版畫改以鳥瞰視野，將整體畫面拓展至城牆
外的郊區地帶（圖3-25）。

3-23	
3-24	3-25

圖3-23 - 3-25　聖彼得廣場。
原圖皆出自：Piranesi, *Vedute di Roma*.

　　另外，卡彼托林廣場當然有著傳統常見的視野，也試著在廣場入口處的側面、廣場後半部等，表現其它細節或周圍建物（圖3-26、3-27、3-28）。

　　持平而論，部分版畫就構圖或空間感而言，並沒有太特別的創新之處，不過更多時候，庇拉內西勇於創新、屢屢打造此前所未見的備的畫面結構，處理波波洛廣場時便顯得非常出色（圖3-29）。方尖碑位於畫面最前方，後頭搭配三岔路口，但重心偏向畫面右側，破壞了原先對稱感；相對的，這種方式反而讓廣場更有立體效果，三條道路帶出來的深遠景觀，更是強化了城市空間的宏偉感。

圖3-26　卡彼托林廣場正面。
原圖出自：Piranesi, *Vedute di Roma*.

3-29

3-27　3-28

圖3-29　波波洛廣場。

圖3-27　卡彼托林廣場入口處側面。

圖3-28　卡彼托林廣場後半部一角。

原圖皆出自：Piranesi, *Vedute di Roma.*

圖3-30 破船噴泉與西班牙階梯。
原圖出自：Piranesi, *Vedute di Roma.*

庇拉內西捕捉的城市景觀中，也有屬於17世紀下半到18世紀上半期間的建設，西班牙階梯與特雷維噴泉即為其中案例。庇拉內西將西班牙階梯放置在一個開放空間中，通往波波洛廣場的保羅利納路位於圖像最左邊，一路上有不少人群，以破船噴泉為中心展現了活絡的城市生活景象。畫面右側的西班牙階梯讓這個空間往右上方擴張，烘托山上聖三一堂的地理位置（圖3-30）。這幅版畫很好地詮釋了巴洛克時代融合各種元素、做出整體規劃的手法，一直到18世紀仍持續創造出非常精采的成果。至於特雷維噴泉的模樣，依舊具有庇拉內西的強烈個人色彩。整體畫面盡是異常強烈的明暗對比，最明亮清晰的地方留給特雷維噴泉，看起來頗有劇場佈景的風味，週遭路人都是舞台上的演員，表現出大旅遊者與當地居民的生活風貌（圖3-31、3-32）。

圖3-31、3-32　特雷維噴泉。
原圖出自：Piranesi, *Vedute di Roma*.

庇拉內西的版畫之所以值得觀賞，還在於紀錄了早已消逝的城市景觀。假使今日前往羅馬，不難發現這座城市與台伯河之間隔著高聳防洪堤、關係相當疏離。自古以來，羅馬城雖仰賴台伯河水源，卻也因這條河流多次遭受水患之苦，嚴重時就連東半部的山谷低地都無法倖免。這個問題一直到19、20世紀左右，統治當局決定建設堤防後才真正獲得解決，代價是有不少歷史景點因而消失。

在庇拉內西生活的時代，站在台伯河畔會看到與現今截然不同的場景。教宗克萊門十一世（Clement XI, 1649-1721）考量到台伯河的航運便利性，在李奧尼納路興建了里佩塔港。根據庇拉內西的紀錄，這座港口兩側有造型華麗、向外擴散的階梯，岸邊停滿數艘正準備上下貨小船。隨著現代治水工程完工，後人也只能從過往圖像一探里佩塔港口的樣貌了（圖3-33）。

圖3-33 里佩塔港口。原圖出自：Piranesi, *Vedute di Roma*.

至於《羅馬城市景觀》內含的古代遺跡相關圖像，延續了庇拉內西的一貫風格，以濃烈光影效果、叢生雜草、滿地碎片或泥濘地面，強調出當地的荒蕪破敗。比如羅馬廣場不若其他版畫家那樣的「乾淨明亮」，像是個充斥古代遺跡的失落之地（圖3-34、3-35）。提及各個凱旋門時，週遭人物不是打扮華麗、仔細欣賞古蹟的遊客，而是一群穿著破爛的平民，他們牧羊、聊天，又或著只是剛好經過此處，古蹟對他們而言，只是再平凡不過的日常景象（圖3-36、3-37、3-38）。

圖3-34、3-35　羅馬廣場。
原圖出自：Piranesi, *Vedute di Roma.*

圖3-36 提圖斯凱旋門。
原圖出自：Piranesi, *Vedute di Roma*.

(上) 圖3-37　君士坦丁凱旋門。

(下) 圖3-38　塞維魯凱旋門。

原圖出自：Piranesi, *Vedute di Roma*.

　　當庇拉內西的特殊技法套用到這些古代建物時，縱使是以往常見主題，也能提供震懾人心的畫面。他一方面誇大了君士坦丁集會所的三連拱形空間，另一方面又採取近距離觀察的視野，使上頭裝飾與建築結構體都清晰可辨（圖3-39、3-40）。描繪大競技場的版畫突出面對觀者之正前方部份，兩側再以極度不符合比例的方式快速縮小，展現類似魚眼鏡頭的效果（圖3-41）。庇拉內西的飛躍到大競技場上方，從天空觀看層層堆疊的內部結構（圖3-42）。可以想見在現代飛行技術出現前，這張版畫必定建立在庇拉內西的長時間觀察上。

3-39	3-40
3-41	3-42

圖3-39 君士坦丁集會所。　圖3-40 君士坦丁集會所。
圖3-41 大競技場外觀。　圖3-42 鳥瞰大競技場。
原圖皆出自：Piranesi, *Vedute di Roma*.

　　庇拉內西的版畫可歸結出幾點有趣之處。首先，他的羅馬城市景觀比起過去作品都還要宏偉；換言之，用以建構古代羅馬的成熟技巧，在紀錄現代羅馬時是不可或缺的存在，這無可避免地也帶有某種程度上的想像元素。其次，主題物件通常處在光線明亮之處，或是被明亮的天空和地面環繞，作為配角的人群與部分細節，時常隱沒在相對陰暗的空間，以營造顯著視覺焦點。但相對的，這種做法常使畫中人物失去細節，模糊成一團團的黑色陰影，不時還帶點陰鬱風格。另一個顯著特色，便是庇拉內西總喜歡添加根本不存在於當地的古蹟殘片。像是在聖彼得廣場入口處放置石塊殘片，寫有版畫標題的卷軸倚靠在上，特雷維噴泉左側、波波洛廣場北端等地，也都有類似殘片。無論這些景點是多麼新穎的現代建設，總會因此增添淡淡古風。

　　生活在18世紀中葉的庇拉內西，看到的羅馬是集結過去三個世紀發展後、最為耀眼的模樣。壓抑的宗教衝突已經過去，來自歐洲各地的旅人更讓這座城市顯得繁華熱鬧。但庇拉內西一心嚮往的，始終是那個已經消失許久的古典羅馬城，一生花費大半時間研究、想像與重建。雖說他必須不時將注意力轉移到現實世界的羅馬，如同他在《羅馬城市景觀》所做的，不過實際成果卻處處顯露出從未真正離開古羅馬城的影子。

　　庇拉內西留給後人的不僅是一系列精緻版畫，還有非常濃厚的懷古之情。他放大羅馬城內最引人關注與愛慕的地方，以親身實例再次證明了不同領域的探索者，是如何從古代羅馬吸取創作養分；一如寫下《羅馬帝國衰亡史》的英國著名史家艾德華・吉朋（Edward Gibbon, 1737-1794），宣稱自己是在古羅馬城的遺跡中，決定寫下羅馬帝國衰亡的過程。在這層意義上，所謂的「羅馬城」早已遠超過肉眼所能看到的物質層面。

4.

羅馬城內的日常風景

在大旅遊時代，羅馬城的歷史只是其中一種流行主題，與此同時，仍有不少人專心看著當下盛況。就如同版畫家瓦西（Giuseppe Vasi, 1710-1782）以樸實風格捕捉羅馬全貌，總結過去三個世紀以來留下的痕跡。他在1710年出生於西西里，日後定居羅馬，以專門製造羅馬城市景觀的版畫維生。早年曾和地圖測繪者諾里共事過一段時間，可能因此認識了年齡相仿的庇拉內西。從1740年代起，瓦西著手一項規模巨大的出版計畫：以版畫巨細靡遺地展現羅馬城的一景一物。他在1747年出版《古代與現代羅馬的宏偉景象》的第一冊後，於接下來14年陸續出版另外9冊，是創作生涯中的代表作。

《古代與現代羅馬的宏偉景象》以建物主題為分冊依據，從第一冊的「城門與城牆」開始，依序分別是「主要廣場」、「宗座聖殿和教堂」、「宮殿」、「橋樑與河岸建築」、「區教堂」、「修道院」、「女修道院」、「學校、醫院與收容所」以及「別墅和花園」等。每冊至少收錄了二十幅版畫，再加上一定

規模的文字說明，無怪乎瓦西需要耗費十餘年才能完成。

為羅馬城內建築分門別類並非瓦西獨創，但他最大不同之處在於，鮮少有人會以相同方式面對16世紀以來的發展。經瓦西整理後，參訪者可根據自身需求與喜好，快速找到特定地點，不再只是侷限在特定「經典景點」中。《古代與現代羅馬的宏偉景象》對大旅遊者而言，確實具備了別具意義的實用功能。

功能上的創新無法掩蓋瓦西承襲的傳統創作理念，也就是「羅馬亦為世界劇場」。《古代與現代羅馬的宏偉景象》第一冊的前言如是說：

> 今日所見滿是偉大藝術、無與倫比的建築成就，以及多位教宗的貢獻。古老城牆獲得必要修繕、新的城門拔地而起，其曾經因為年久失修備受冷落、缺乏安全。如今所見已臻致完美，閃耀著屬於教宗國、以及永恆的世界劇場羅馬之榮耀。[2]

與其他版畫家相比，瓦西最精彩的地方不在於宏偉空間與透視技巧，而是畫中人物與動物的細膩描繪。也就是說，瓦西看到的世界劇場，是個有眾多演員、充滿生活感的平易近人之處，這或許這才是大旅遊者更熟悉的羅馬城。

2　Rinato il fervore delle belle arti, e il nobil genio dell'Architettura, le magnanime idee di molti Romani Pontefici provvidero al necessario ristauramento delle antiche mura; e nuove Porte innalzando, diedero alle gia' vechie, e logore pel tempo, e sformate, e mal sicure, quella perfezione, e quello stabilimento, che veggiam'ora, con tanta gloria del Principato, e dell'eterna Roma teatro dell'Universo.

　　當大多數版畫家喜歡以城內視野彰顯羅馬城的繁榮時，瓦西毫不猶豫地面向此前絕少出現的城外郊區地帶。例如《古代與現代羅馬的宏偉景象》的第一張版畫，是站在造型類似凱旋門的波波洛城門北側，由外向內觀看羅馬城，隱約可見廣場後方的聖山聖母教堂。最顯眼的畫面前景讓給穿著講究的旅人、騎士，以及一隻翹著屁股的小狗。所有人的影子向西拖曳，顯然是早晨時分的場景（圖3-43）。

　　描繪另羅馬的另一個小城門時，瓦西將其與附近城牆放在郊區景象中。更靠近觀畫者的左下角處，有位右手牽著小女孩、打扮樸素的女子，一起和小狗望向正好經過眼前的馬群（圖3-44）。瓦西沒有解釋這兩人的身分，或許她們是一對姊妹，也可能是母女，住在城市近郊，準備將籃子內的東西帶往某處，順便帶家中小狗散步。在絕大多數版畫中，瓦西都不會特別解釋畫中人物的身分或舉動，留給讀者自行觀察與大膽解讀。觀看他的版畫，有助於我們理解與想像當年生活風貌，縱使對象是從未在歷史留下足跡的無名小卒。

圖3-43　從城外觀看波波洛城門。
原圖出自：Vasi, *Delle Magnificenza di Roma Antica e Moderna*.

圖3-44　位於郊區的克勞薩城門。
原圖出自：Vasi, *Delle Magnificenza di Roma Antica e Moderna*.

　　整體來說，明確光源、田園風景與閒暇氣氛，是《古代與現代羅馬的宏偉景象》打從一開始以就給人的顯著印象，並程度不一地出現在每張版畫。展現城市東半部的古蹟馬喬雷城門時，萬丈光芒從畫面右側露出，根據方位可知是日落時的情景（圖3-45）；以賽提米亞納城門為主題的版畫，設定在滿是星辰的夜晚，月光從左側灑落，牆角燭光在地上拉出兩條長長的陰影（圖3-46）；聖天使堡城門附近則有一批打扮時髦的年輕男女聚會遊戲，說明了羅馬城的休閒活動可不是只有尋訪名勝古蹟而已（圖3-47）。

圖3-45　馬喬雷城門，太陽光從西邊散出。
原圖出自：Vasi, *Delle Magnificenza di Roma Antica e Moderna*.

圖3-46　夜晚時分的賽提米亞納城門。
原圖出自：Vasi, *Delle Magnificenza di Roma Antica e Moderna.*

圖3-47　聖天使堡城門外的日常休閒景象。
原圖出自：Vasi, *Delle Magnificenza di Roma Antica e Moderna.*

　　向讀者介紹羅馬城的郊區風景後，瓦西在後面幾卷開始將視野轉移至城內各處。身為一位18世紀版畫家，瓦西當然懂得且願意誇大城內空間與建築比例，比如聖母大殿前的圓柱，不合現實地安置在彷彿有數十公尺，甚至上百公尺遠的地方（圖3-48）。

　　但有不少作品卻採用略顯呆版的構圖，令人不得不想起文藝復興早期的劇場設計，諸如波波洛廣場、圓柱廣場和納沃那廣場等，使用相對合理的空間感，效果寫實但也有點無趣（圖3-49、3-50、3-51）。

　　以樸實風格描繪羅馬現況的瓦西，以相同態度紀錄城內古蹟。他無意訴諸懷古幽情，更不想讓人感嘆偉大帝國的消失；他將這些古蹟視為現代羅馬的一部分，恰如其分地融入人們的日常生活中。瓦西的塞維魯凱旋門聳立在康考迪亞神殿和卡比托林廣

圖3-48　聖母大殿南側正門。
原圖出自：Vasi, *Delle Magnificenza di Roma Antica e Moderna*.

圖3-49　波波洛廣場。
原圖出自：Vasi, *Delle Magnificenza di Roma Antica e Moderna*.

場之間，陽光灑落平整草地上，此時樹蔭底下的牛隻正在休息。畫面前景的牛隻雖在工作，仍舊是一派輕鬆的樣子（圖3-52）。當他望向羅馬廣場南端時，以溫柔筆觸一一畫出散佈在周圍的古蹟，以及悠哉活動的路人，盡顯再普通不過的日常風貌（圖3-53）。

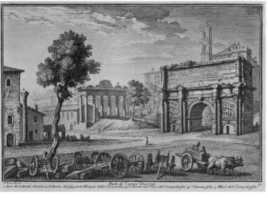

3-50	3-51
3-52	3-53

圖3-50 納沃那廣場。　　　　圖3-51 圓柱廣場。

圖3-52 羅馬廣場北端盡頭。　　圖3-53 面向羅馬廣場南側。

原圖皆出自：Vasi, *Delle Magnificenza di Roma Antica e Moderna*.

　　豐富的人物故事有時更會成為版畫主角。瓦西在誇大費拉米尼亞路的寬度時，善加利用這個如同劇場的寬敞空間，演出多套當代人的生活故事（圖3-54）。大馬路上的行人姿態多變，由左至右有撐著拐杖的老人、正在相互嬉鬧的小孩、相互交談的三人組、牽著驢子經過的路人，以及缺了右腳以枴杖支撐的身障者，靠近方尖碑的遠方還有更多行人展演不同故事情境。至於本畫標題提到的教堂，隱身在畫面左側的巷弄裡頭，化為背景元素之一。

　　為羅馬城市景觀添加行人、動物等物件以豐富生活感或寫實效果，早已是相當常見的手法，畢竟一座沒有人跡的羅馬城相當不合情理。但在瓦西之前，所有人物都是為了城市場景而存在，或是用來強調古蹟尺寸、表現人們的好奇心，或是當作裝飾安插其中，總而言之，絕大多數時候的主角始終是城市本身。瓦西扭轉了這項傳統，賦予畫中人物更高地位，負責告訴讀者生活在羅馬可能遇到的情境。

　　羅馬能提供的戶外活動甚多，有宗教遊行、古蹟巡禮、年輕男女的結伴出遊，或是參訪熱鬧市集等。大旅遊者眼中所見的羅馬城，絕對不是只有古蹟或宏偉建築，與個人情慾直接相關的活動也讓此地充滿了無限魅力。當然羅馬城也不盡然都是無可挑剔的美好事物，這裡有一批生活狂放的酒鬼，甚至發生在大街上的傷害案件，更要處處小心急駛而過的馬車（圖3-55、3-56、3-57）。瓦西告訴讀者，美好與風險參半才是羅馬行的真實模樣。

　　如果說這些小人物讓瓦西的版畫別具生活感，那麼畫中動物特別是狗，便扮演了格外關鍵的角色。除了人類，為數不少的四足動物也活在版畫中，「馬」肩負著當代交通工具的主要動力來源，自然是出現次數最多的物種；「狗」的上場頻率位居第二，至少有60幅版畫都可見到蹤跡，約佔《古代與現代羅馬的宏偉景象》總版畫量的四分之一，受重視的程度此前所未見。而且瓦西不再只是讓牠們呆滯一旁、冷眼看待城內居民的一舉一動，而是有著屬於自己的感情、社交活動，與人類保持緊密關係。

3-54	3-55
3-56	3-57

圖3-54 - 3-57 羅馬城市的生活景象。

原圖皆出自：Vasi, *Dello Magnificenza di Roma Antica e Moderna.*

圖3-58　羅馬城中的人犬互動。Vasi, *Delle Magnificenza di Roma Antica e Moderna.*

　　瓦西其實在第一幅版畫就透露出對狗的偏好：一隻狗站在畫面正中央，加上明亮光線，很難不讓人去注意到（圖3-43）。此後再次出現的犬隻，其模樣絕對不會令現代人感到陌生：與主人一起外出打獵，順便相互摩蹭屁股；在人來人往的廣闊廣場恣意躺著；圍繞在莊嚴的宗教遊行隊伍附近；在樹蔭底下與人玩耍；準備接下人類給予的食物或玩具；追逐某個討人厭的傢伙。狗如此頻繁出現，說明了瓦西可能是愛狗人士，也可能單純只是城內的確有為數不少的狗群，抑或是兩者兼具（圖3-58、3-59、3-60、3-61、3-62）。

　　瓦西雖與庇拉內西處在同個時空，看到的羅馬卻有極大差別。如果庇拉內西是用一種奇想、漫步式的心情，邀請觀者悼念古典羅馬的殞落，那麼瓦西想要的，就是帶領讀者一步步欣賞羅馬城的現況，而且不只是建築，還包括在此生活的芸芸眾生。

　　因此，瓦西在日後還不斷以其它作品強化《古代與現代羅馬的宏偉景象》的實用性。他在1763年出版導覽手冊《旅遊指南：分成八天的簡易之旅，可一探羅馬的現代與古代偉大之處》（以下簡稱《旅遊指南》），很有商業頭腦地建議讀者可一併參考《古代與現代羅馬的宏偉景象》：

　　為了更加便捷地遊歷所有景點，我在書中規劃出八天行程，並在部份章節標示與《古代與現代羅馬的宏偉景象》（版畫內容）相對應的數字，如此一來可以觀察建築的特別之處，並獲得最新訊息。[3]

3　E perche' sia di maggiore comodo e facilita' a tutti l'ho regolato in forma di 'itinerario diviso in otto giornate di cammino, e d ho posto il numero della tavola in ciascun capitolo correlativo ai x Libri, accio' si posa iui osservare la magnificenza degli edifizj incisi in rame, e similmente ritrovare le notizie piu' distese.

　　《旅遊指南》附有多幅新版畫，但無論就質量或數量而言，頂多只算得上是《古代與現代羅馬的宏偉景象》的簡化版或索引目錄，供人便於從另一種模式閱覽羅馬城的全貌。

　　因為致力於保留羅馬的全貌，瓦西的城市景觀絕對算不上是盡善盡美。狹隘巷弄與廣場、近乎貧民窟的農舍、打扮簡陋的農民等，這些在過往可能會被宏偉景觀掩蓋的細節，如今一一收錄在瓦西的版畫集中，以自然不做作的方式顯露無疑。但也就是這種不完美，讓瓦西的作品別具觀賞價值，到了今日更顯如此。

3-59	3-60
3-61	3-62

5.

有史以來最精準的羅馬城市地圖

　　18世紀時，羅馬城市地圖的製作也有相當發展，特別是在1748年，義大利建築師諾里出版的《羅馬城最新地圖》（圖3-63）。自印刷術發明以來，陸陸續續有許多藝術家都曾嘗試創作羅馬城市地圖，其受歡迎的程度可與城市景觀圖相比擬。諾里的作品不僅為這份名單添加一筆新紀錄，其獨特性之強烈，可視為羅馬城市地圖史的分水嶺。

　　《羅馬城最新地圖》的規格龐大，當時分割成十二張圖版、集結成一冊後出版，全部拼湊起來尺寸約莫有180公分高、200公分寬。地圖北方朝上，以平面圖表現各重要建築與古蹟，普通房舍以不規則深色方塊表現，廣場、道路等公共空間直接留白，花園、菜園則以各種線條標示。隨《羅馬城最新地圖》出版的附錄，依據兩種標準排列城內各重要建築，其一是羅馬城內的十四個行政區，另一則是建物類型如水道、街道、廣場等，並附上相對應的數字，供讀者找出在地圖上的位置，另外提供了在有限版面裡無法容納的訊息。

最值得一提的是，《羅馬城最新地圖》的尺寸比例與相對位置等重要資訊，與現代科技繪製的地圖相差無幾，可說是當代有史以來最精確的羅馬城市地圖。諾里在正式出版《羅馬城最新地圖》前，曾花費不少時間前往各處、進行實地探勘。尚未獨立的瓦西在與他共事期間，想必親身體會到這些資料的重要性，日後在《古代與現代羅馬的宏偉景象》大方承認，之所以能夠精確提供各座城門的相對距離，都得歸功於諾里的努力，他說道：「沿著城外道路行走時，各城門間的距離之數據，有賴於建築師、幾何學者諾里先生的測量成果。」[1]

《羅馬城最新地圖》下方的圖像，反應出諾里本人對這座城市的理解。左側是身著古裝、擬人化後的羅馬城，祂坐在古典風格的椅子上，右腳有一堆殘破雕像，主題是「撫養羅馬建城者的母狼」；另一邊用右手肘支撐身體的雕像，即為台伯河的擬人化形象，背景滿是蘊含城市輝煌歷史的古蹟。右側的主角依然是擬人化後的羅馬城，但祂脫去頭盔，信心十足地坐在華麗座椅上。身旁圍繞著數個天使與侍從，為祂拿著代表天主教信仰的凱樂符號旗幟，或是代表君臨天下的權杖與寶球，後方還有一個小天使準備為祂戴上教宗三重冠。環繞在後方的建築都是現代建設。因此，左右兩側的圖像分別代表形塑羅馬的雙重特性：古典與現代、多神教與基督宗教、滄桑與繁榮，彼此看似獨立，實則一體兩面，缺少其中一項都無法真正認識羅馬。

1　Misura delle distanze da una Porta all'altra, camminando per la strada fuori della mura, per dimensione Orizontale, favorita all'Autore di questa Descrizione dall'Architetto, e Geometra il Sig. Gio. Battista Nolli Comasco

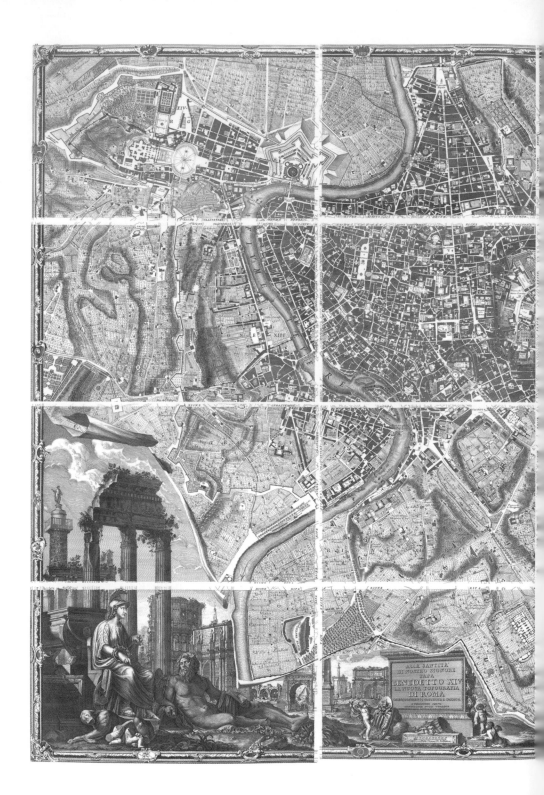

圖3-63　諾里，《羅馬城最新地圖》，1748年。
原圖出自：Nolli, *La Nuova Topografia di Roma*.

　　立於地圖中央下方的石碑不免俗地寫著：「向神聖的教宗本
篤十四致敬，他最謙卑的僕人、來自科馬斯科的諾里，獻上最新
的《羅馬城最新地圖》。」 更下方的小石碑用來宣揚諾里的個
人成就：「1748年，由幾何學家與建築師諾里自己測量、描繪與
出版。」 雖只有區區數字，卻不難以想像他何其滿意地看待自
己這幅作品。

　　諾里出版《羅馬城最新地圖》的同時，另外收錄了兩張比例
大幅縮小的地圖。其中一張的製圖概念與《羅馬城最新地圖》如
出一轍，不過簡化了大量資訊與人文意涵。曾向諾里學習的庇拉
內西，很有可能參與了該圖背景圖像的繪製，此時已展露日後風
格（圖3-64）。另一張直接取名為《羅馬》的地圖就格外有趣許
多，頗有諾里向前人致敬與較勁之意（圖3-65）。

　　16世紀中葉時，建築師布法里尼（Leonardo Bufalini, 15th-
1552）完成了一劃時代的羅馬城市地圖。與當代慣用手法不同，
他選擇以全平面圖顯示羅馬城市紋理，直接點出街道概況與城市
紋理，比諾里早了足足兩個世紀。該地圖能看出諸多屬於那個時
代的故事：聖彼得大教堂前方仍留有舊建築體，未來的廣場還是
一片不規則空地；城市東半部道路順應地形發展，不若河岸道路
來得方便。不過也有不少難以忽略的缺失，比如波波洛廣場的三
岔路口，與城門之間的交會角度過度偏差。

　　　　　圖3-64 (右圖)　諾里《羅馬城地圖》，1748年。
　　　　　原圖出自：Nolli, *La Topografia di Roma*.

　　兩百年後，諾里復刻再版布法里尼的地圖時，幾乎沒有另做更動，如實留下當年的創新與缺失。除此之外的最大改變在於，諾里將地圖順時針轉了90度，使北方朝上。這麼做可能是為了讓讀者便於比較，進而突顯出《羅馬城最新地圖》的進步之處。

　　《羅馬城最新地圖》無論是在藝術、學術，甚或是文化層面上的成就，都遠遠超出布法里尼的當年成果。諾里徹底發揮啟蒙時代的精神，將一切事物轉換成精確的客觀資訊，以井然有序的分類方式加以呈現。在此之後好一陣子，一直是最有代表性的城市地圖，屢屢成為後人參考（或是抄襲）的範本。如果繼續回顧過去兩個世紀的羅馬城市地圖發展史，將更能體會到諾里帶來的改變何其巨大。

　　1555年，皮納德發表以實景模式描繪的地圖《羅馬景觀》。北方在畫面左側，彷彿從一座西側山丘俯瞰羅馬，台伯河順理成章地轉換為視覺水平線。因為採用實景圖，觀看感受彷彿親臨現場，台伯河沿岸道路、聖彼得大教堂和卡比托林廣場等重大建設，甚至是東半部的荒蕪狀態也能一覽無遺，在後來作為道路重要節點的聖母大殿、聖若望大殿等，此時仍顯得相當不起眼（圖1-14，見本書1-3）。

圖3-65 (右圖)　　諾里在1748年與《羅馬城最新地圖》一同出版的地圖，其根據布法里尼在16世紀出版的地圖再版發行，頗有致敬與較勁的意味。
原圖出自：Nolli, *Roma.*

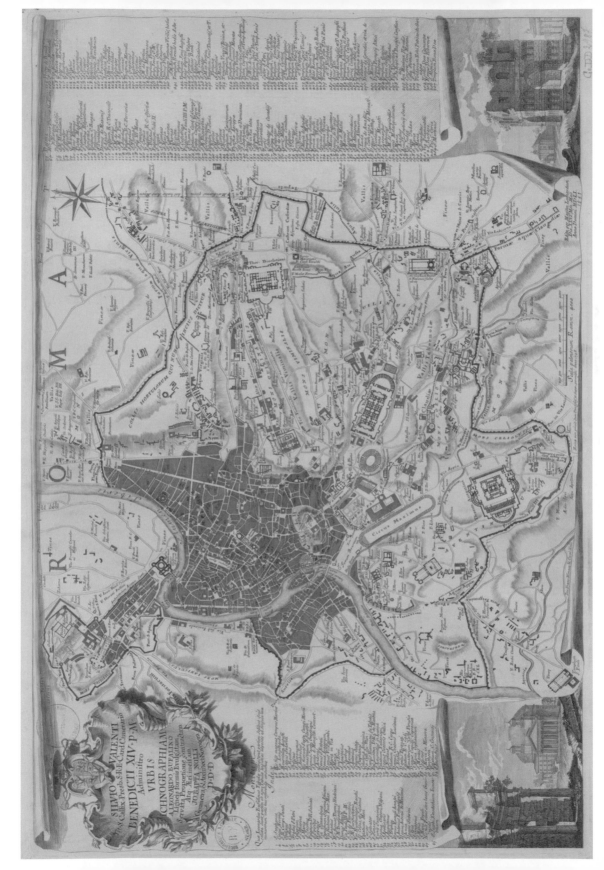

　　觀者固然可藉由實景式地圖宏觀認識羅馬城市景觀，但它不如平面式地圖精確的限制卻始終存在。皮納德的地圖讓東西半部羅馬佔據相同面積，但嚴格來說，西半部的總面積大概僅佔全羅馬城的三分之一。皮納德不可能不知道這點，當他選擇違背此一現實狀態時，反倒得以用更大版面表現城市鬧區的生活場景；就此而論，實景式地圖的另一好處在於，可為製作者保留相當大的自由發揮空間。

　　大約與皮納德同一時期，畢亞特列耶特（Nicolas Beatrizet, 1507-1565）出版風格差異甚大的羅馬地圖（圖3-66）。

圖3-66　　畢亞特列耶特，羅馬地圖，1557。
原圖出自：Nicolas Beatrizet, 1557.

　　它依然是北方在左的實景式地圖，觀看角度卻接近與地面垂直的平面式地圖，犧牲了城市景觀的寫實度，不少地方略顯怪異：看起來懸空的大競技場、平躺在河面上的船隻。優點是，畢亞特列耶特比皮納德更精確捕捉羅馬城的輪廓與地貌。

　　將近20年後，卡特羅（Mario Catarot）創造的羅馬地圖既能顧及實景模樣，又能容納羅馬整體概況（圖3-67）。他不再將羅馬壓縮在比例上相對狹窄的框架內，避免不自然扭曲；東半部區域的比例也顯得合理許多，並帶出當地重要地標與道路狀況。假使皮納德與畢亞特列耶特各自代表了早期地圖描繪的兩個極端，那麼卡特羅便是介於兩者之間，兼具雙方優點的同時，盡可能縮小容易讓人誤解的地方。

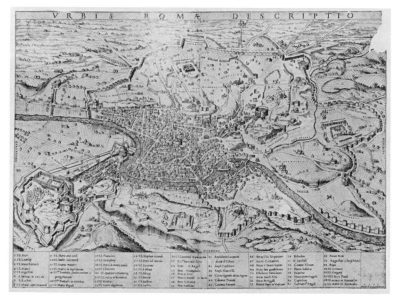

圖3-67　卡特羅，《羅馬景觀》，1575。
原圖出自：Catarot, *Vrbis Romae Descriptio.*

　　1590年教宗西斯圖斯五世逝世，他留下的城市建設，理所當然成為新地圖的絕佳題材，或著說是不得不更新的重要資訊，布蘭比拉（Giovanni Ambrogio Brambilla, ?-1599）和坦佩斯塔（Antonio Tempesta, 1555-1630）分別在1590和1593年出版的地圖即為如此。前者的地圖風格偏向卡特羅的模式，西半部羅馬一如既往地擁擠，東半部區域多出為數不少的新道路。不過最引人注目的，當屬高聳的方尖碑。布蘭比拉誇大方尖碑的比例，不需耗費太多時間就能找到其所在位置（圖3-68）。

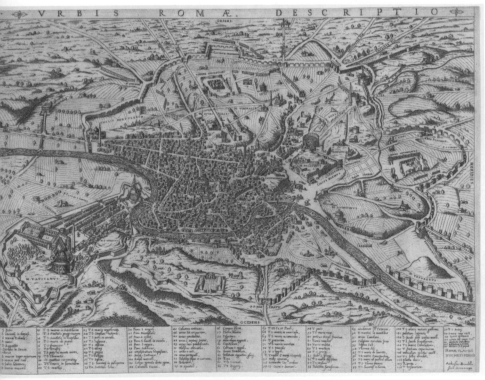

圖3-68　布蘭比拉，《羅馬景觀》，1590年。
Brambilla, *Vrbis Romae Descriptio*.

　　坦佩斯塔的地圖偏向皮納德的風格，大肆壓縮整座城市的
正常比例，突出西半部的存在感。充分發揮實景地圖的優勢，是
坦佩斯塔最大的成就。在此之前的實景式地圖，都只能算是意象
上的表現，仔細觀察可發現不少略為粗糙的細節；而坦佩斯塔在
前人奠定的基礎上，極度寫實地描繪羅馬城市景觀。因此，要認
識方尖碑豎立起來後的城市景觀，抑或是羅馬城內的任何一處景
點，該地圖的重要性完全不下於任何一幅版畫作品（圖3-69）。

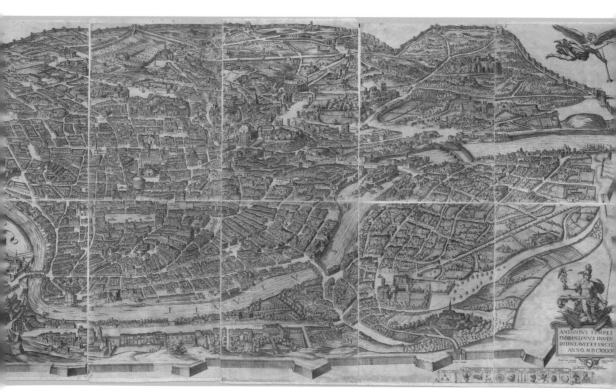

圖3-69　坦佩斯塔，羅馬地圖，原圖出版於1593年，此為1645年重新印製的版本。
原圖出自：Antonio Tempesta, 1593.

　　羅馬城的地圖描繪到了17世紀仍不斷演變，像是克魯爾繼承前人經驗，嘗試融合平面圖與實景圖的《古代與現代羅馬著名建築實景與羅馬城市地圖》，省去大量街區資訊，將注意力集中在當代羅馬城的重要地點(圖2-33)。克魯爾的雇主之子馬帖歐，在後來出版的《羅馬城市新地圖》運用相同手法，可惜色調對比不夠強烈，線條運用過於單調，反而讓整體畫面更為混亂。整幅地圖最有美學價值的部份，反而是由克魯爾負責完成的城市景觀插圖（圖2-35）。

　　即便有人開始注意到平面式地圖的實用性，多數人仍偏好故事性豐富的實景式地圖。如同法達在1676年完成的《新羅馬城市地圖，包含所有街道、廣場與教堂》，在不扭曲城市輪廓的前提下，也能充份再現城市景觀。閱讀每個細節，都是一段精彩的羅馬城市發展史，再與他的版畫相互參照，將更能想像漫步在羅馬城內的情境（圖2-38）。或許因為如此，法達的地圖才能廣受喜愛，一直到18世紀下半葉，不時有人再版發行。

　　綜觀在諾里之前的羅馬城市地圖，描繪方式多元豐富，各有其注重焦點與創作特色，最大的共通點在於，除了布法里尼，從未創造出現代意義上的全平面式地圖。但也無法因此批評早先地圖不重視精確而否定其價值，頂多只能說對其製造者而言，選擇

　　了與諾里不同創作理念，希望讓觀者看到羅馬城的模樣。諾里的
地圖確實精確無比，卻大大犧牲了閱讀地圖時的樂趣。

　　曾與諾里合作過的瓦西和庇拉內西，隨後也跟隨他的腳步，
分別出版了別具個人色彩的地圖。瓦西回頭使用北方在左的實景圖
式地圖，並一同描繪牆外郊區地帶（圖3-70）。自古以來，城牆內
外就不是個毫無關聯的兩個世界，居民的食物來源就要依賴外頭的
農地供應，貴族們也看上城外的寧靜，決定興建豪華的鄉村別墅。

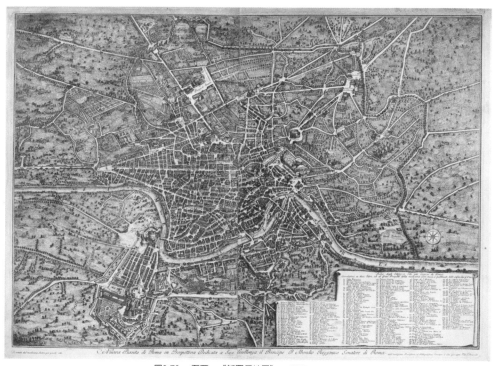

圖3-70　瓦西，《新羅馬地圖》，1781。
原圖出自：Vasi, *Nuova Pianta di Roma*.

　　絕大多數先前地圖如不是模糊帶過牆外世界，便是乾脆直接
全部留白。瓦西反其道而行，從而彌補前人留下的空白，使城牆不
再是牢不可破的分界線。這不是瓦西第一次嘗試這麼做，在更早以
前，另外完成的實景地圖也包含郊區地帶的模樣（圖3-71）。對比
《古代與現代羅馬的宏偉景象》的大量城外郊區版畫，他的做法相
當理所當然。

　　另一方面，庇拉內西基本上套用了諾里的地圖，但加入了更
多對古羅馬的迷戀，將地圖範圍更往北擴張，傳達一生中堅信不移
的理念：想真正認識羅馬城的光榮，便要回頭觀看各個古蹟，即便
其所在位置已超出多數人習慣的城市範圍(圖3-72)。

　　即便是地圖上的牆外世界，瓦西和庇拉內西的差別依舊如此
巨大，一個欣賞現在，另一個讚頌過去。讓這兩種情感都有得以
發揮的空間，正是羅馬最吸引大旅遊者的特色。

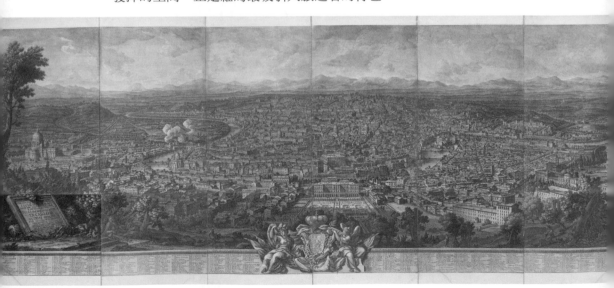

圖3-71　瓦西，《羅馬城市俯瞰圖》，1761.
原圖出自：Vasi, *Prospetto del 'Alma Cittá di Roma.*

圖3-72　庇拉內西，《羅馬與戰神平原地圖》，1774。原圖出自：Piranesi, *Pianta di Roma e del Campo Mazro*.

結語

　　西元1764年6月20日，正在進行大旅遊的英國史家吉朋，於佛羅倫斯送出一封家書。他雖然抱怨一路上的不便與簡陋，總的來說仍相當滿意這趟旅程。同一年8月2日，他終於抵達了朝思暮想的羅馬，可惜的是，他並未對當代羅馬多做描繪，只簡單提及曾爬到圖拉真圓柱頂端。之所以如此，純粹是吉朋認為「根本不可能」完整寫下看到的豐富場景，信中只見他進入城市時的狂喜之情。多年後，吉朋回憶義大利之行時，仍不忘強調初見羅馬城的震撼：

> 我的性情向來不容易被熱情所擾動……但即便經過25年後，我依舊忘不了、也無法描述第一次進入永恆之城羅馬時，強烈情緒在我心中所激起的火花。

　　因親訪羅馬而感到興奮的，絕對不只吉朋一人。著名英國文學家貝克福特（William Beckford, 1760-1844）在1780年抵達羅馬時，也寫下了這段「永遠也不會忘記的經驗」：

> 當我走在通往羅馬波波洛城門的大道上時，望見廣場、穹頂、方尖碑，以及往更後面展開的道路與豪華宅第，全都被夕陽的紅光照耀著。

　　除了比較私人的書信，也有不少大旅遊者的親身體驗以導覽手冊或旅遊文學的形式正式出版，使我們得以看到更立體生動的羅馬

城。比如法國的彌桑（Maximilie Misson, c. 1650-1722）17世紀末造訪羅馬後提到，這座城市缺乏第一時間令人驚豔的城市景觀，但隨著接觸到越來越多古蹟與文物，便能發現它別具歷史感的城市韻味。彌桑也將城內著名景點區分為「古代」與「現代」兩類，其中，聖彼得大教堂理所當然是「現代」建築的代表作，當他介紹羅馬城市景象時，還特別提到該教堂如何主導了城市天際線：

> 無論你從哪個方向抵達羅馬，都會看到聖彼得大教堂的穹頂；其遠高於城內所有尖塔，或是高聳建築的頂端。

同為大旅遊者的諾爾索（John Northall, c. 1723-1759）對羅馬城的第一印象，則與彌桑截然不同。他從波波洛廣場入城時說道：「這是全羅馬最宏偉的入口，非常漂亮、令人震撼。」不過另一方面，兩人仍有共通之處，像是諾爾索也刻意將聖彼得大教堂與萬神殿相類比，意有所指地強調這座城市的豐富歷史與藝術發展：「聖彼得大教堂是現代建築的經典之作，萬神殿則無庸置疑是古人留下的完美成就。」

這批大旅遊者的所見所聞，確實反映了同時代教宗和版畫家所重視的面向，比如羅馬的歷史內涵、非凡的建築風貌，或是別具特色的地貌景觀。翻開這些旅遊記載都能隱約感受到，創作羅馬城市版畫絕不只是少數人的喜好，而是與當時的思想脈動密切相關，甚至引領了時代的風潮。

不過有趣的是，大旅遊者的紀錄同時包含了許多不見於官方宣傳或是版畫作品的內容。諾爾索貼心地提醒讀者，羅馬城內不乏販賣假貨或胡亂導覽的騙子，他們的水準之差，根本無法分辨君士

坦丁大帝和亞歷山大大帝。為避免受騙，「最常見的方法是購買實用小冊，也就是外地人的導覽手冊。」諾爾索推崇羅馬，但這無礙於他針對某些建築做出直觀評論，比如不斷增建聖彼得大教堂，導致入口處的比例過於龐大，完全擋住了近距離觀看穹頂的視覺感受，可說是非常失敗的設計。

彌桑則特別提到，除了聘僱可信賴的導遊、廣蒐資料之外，旅遊者應親到現場仔細觀察才能有所收穫，而非一味相信他人提供的資訊。有點囉唆的彌桑，也分享了大量旅遊須知：切忌錢財外露；出發前應準備足夠的藥品、合適的地圖，以及有助於觀察古蹟與碑文的望遠鏡；最重要的是，帶足現金，以備不時之需。待一切就緒後，他開始介紹羅馬的特產：版畫、金屬工藝、香水與植物精油等，行文中還特別附上推薦店家，像是：

> 絕大多數我所提到的教堂和宮殿，……都已由納沃那廣場附近、帕伽路的賈科墨・羅西刻印成版畫並出售。

賈科墨・羅西這號人物即為版畫家法達的雇用者，這間店想必可發現大量的精美版畫。

在彌桑心中，羅馬城當然也有醜陋之處。當他人聚焦台伯河畔的著名景點時，他卻提起台伯河又髒又臭、自古以來就容易淹水的大問題；評價藝術作品時，他更是毫不掩飾自身好惡，對於一幅被視為宗教聖物的耶穌像，極不客氣：「我親眼觀察這幅作品後，可以很明確告訴你，非常難看、毫無優點。」

以上批評都還算「溫和」。就像有些人開始抱怨羅馬的老舊、破敗，根本不如前人所描繪地那樣宏偉壯麗，處處充滿陰暗不堪的角落——這種觀點固然有其合理之處，但導致人們如此嚴苛地評價羅馬，最深層的因素其實是因為「羅馬是教宗國的首都」。在部分大旅遊者眼中，教宗身為義大利半島的主要大國，權力結構鬆散、產業落後、人口稀疏，輝煌的過去反而成為現況的強烈對比與諷刺；羅馬不致如此貧乏，但只要它始終是教宗國的政治核心，便免不了被放大比較。尤其18世紀正是西歐各國國力蒸蒸日上的年代，有意無意地指出羅馬與教宗國的保守落後，更能看出旅遊者母國的進步繁榮，這點對於來自英國的大旅遊者來說，更是如此：不同於辛苦維持現況的教宗國，英國艦隊早已將力量投射到海平線的另一端，信心滿滿地建立海上帝國。

西元1789年，法國王室終究控制不了困窘的經濟問題，爆發了影響全世界的「法國大革命」。革命引起的戰火迅速擴散至歐陸各地，通往羅馬的路途危險萬分，一時興盛不已的大旅遊被迫停歇。戰火將近30年後才熄滅，此時的歐洲已然邁入一個新時代，物質文明因工業化而大幅躍進，各國政府紛紛以最新的建材或科學知識大規模改造首都。他們的動機跟教宗一樣，都希望有個足以宣揚政績與權勢的劇場城市，在實際操作上，更繼承了不少源自近代羅馬城的經驗。

於是乎，19世紀的巴黎煥然一新，林蔭大道與幾何造形的街區妝點著城市景觀，以民生為重的水道管線襯托出美好的城市生活。此時，倫敦、維也納、柏林等大國首都，也程度不一地擺脫中古氣息，致力朝現代都市邁進。這股城市現代化潮流吹到世界各地，就連遙遠的東亞地區都能見一二。

　　同一時期，羅馬則成為教宗與義大利民族主義者競爭的寶物，混亂的政局讓羅馬的城市發展顯得停滯不前，即便光輝依舊，卻也不再那麼獨領風騷。特別是歐洲強權稱霸全球，加上交通工具大幅革新，對歐洲遊人而言，有太多可供選擇的新旅遊景點，羅馬能帶來的感官刺激相比之下，著實已平淡許多。

　　1870年，成立不久的義大利王國攻佔羅馬，宣告統一國家的大業終於完成。勢單力薄的教宗不得不退守梵蒂岡，重新思索與世俗王國的關係。義大利王國所想像的，是個與過去截然不同的新羅馬；市政當局迅速宣告一連串的路名變更計劃，原本取自教宗稱號、用以紀念其功績的「庇亞路」改成「9月20日路」——因為這是王國軍隊佔領羅馬的日子。20世紀初，獨裁者墨索里尼掌控政權後，羅馬城更開啟另一波大規模革新，不過這次卻走在巴黎的前例上：無情地剷除古蹟、強制拆遷民宅、打造巨型道路，並擺脫城牆限制，擴大城區範圍。新時代的建設不再以教堂為核心，畢竟主導人心的不再是宗教信仰，而是各種世俗精神，一切皆用來弘揚義大利王國的榮耀，並想像古羅馬帝國的光榮再現。

如今，在快速轉變的現代世界中，羅馬更像是個古老脆弱的古董，過去享有的稱號「世界劇場」也顯得不合時宜。所幸為數不少的版畫可以提醒我們，羅馬曾享有何等崇高的地位。在這裡，人們可以盡情享受千年歷史，也能欣賞最新的藝術傑作，過去與現代、現實與想像以羅馬為載體，完美的融合在一起。凡此輝煌過去，並未因時間而消磨殆盡。

　　在16到18世紀，版畫家、教宗與世人的期待，不斷地塑造、重現羅馬的樣貌，其中既有美麗之處，也有令人誤解之處，不論結果如何，都讓這座城市充滿無限生命力。環顧全球，鮮少有城市能像羅馬這樣，在這麼長的時間中，與這麼多世人的情感和記憶產生密切交流。或許是因為給人的印象太過深刻，羅馬即便不是最華麗、最現代化的城市，仍舊吸引現代人利用最新的科技，繼續融合真實與想像的成分，從各種角度認識、思考並詮釋這座城市的意義與故事。美國電影《羅馬假期》大概就是最經典的案例，導演接連展示羅馬的著名地標，告訴觀眾：這的確是在羅馬發生的人生喜劇。直到今日，仍有不少人因此與羅馬相戀。

　　在可預見的未來，人類想必會繼續走在版畫家開拓的道路上，繼續以最新的技術展演羅馬城的容貌，將眾人的目光從繁華世界吸引過來，好好感受曾被稱為「世界劇場」的羅馬。

羅馬城重要年表

在位教宗	年份	重要城市發展 （排列順序不等於時間順序）	歷史事件
西斯圖斯 四世	1471 — 1484	1. 開始改造羅馬，鋪設新道 　　路與修繕教堂 2. 興建西斯托橋	
朱利烏斯 二世	1503 — 1513	1. 重建聖彼得大教堂 2. 興建美景庭 3. 鋪設朱利亞路、露加拉路	
李奧 十世	1513 — 1521	1. 開闢波波洛廣場 2. 鋪設李奧尼納路	1517，馬丁路德公 開質疑天主教會， 引發宗教改革
克萊門 七世	1523 — 1534		1527，神聖羅馬帝 國軍隊攻陷羅馬
保羅 三世	1534 — 1549	1. 重新啟動聖彼得大教堂建 　　設工程 2. 整建卡比托林廣場 3. 鋪設保羅利納路	1545，召開特蘭托 大公會議

在位教宗	年份	重要城市發展 （排列順序不等於時間順序）	歷史事件
	16世紀 下半葉		1. 1551，柯克《羅馬古代遺跡的圖像》 2. 1555，皮納德出版《羅馬景觀》 3. 1575，杜佩拉克出版《羅馬城內古代遺跡的樣貌》
西斯圖斯 五世	1585 ｜ 1590	1. 鋪設以菲利伽路為核心的東半部道路系統 2. 陸續豎立四座方尖碑 3. 鋪設菲利伽水道	1. 1588，英國重創西班牙入侵艦隊 2. 1588，《高貴羅馬城的驚奇光輝事物》、《羅馬城內古蹟》配合版畫再版發行 3. 1590，豐塔那出版《論教宗西斯圖斯五世時期的梵蒂岡方尖碑搬遷工程與其它建設》 4. 1590，布蘭比拉出版羅馬城市地圖
保羅 五世	1605 ｜ 1621		1618，三十年戰爭爆發
烏爾班 八世	1623 ｜ 1644	1. 興建破船噴泉 2. 擴大各公共設施的維護工作	1. 重用貝尼尼 2. 1629，梅爾卡蒂出版《羅馬城內郊區景觀圖》 3. 1638，西維斯特出版《羅馬城的古代與現代模樣》

在位教宗	年份	重要城市發展 （排列順序不等於時間順序）	歷史事件
英諾森 十世	1644 ∣ 1655	1. 開闢納沃那廣場	
亞歷山大 七世	1655 ∣ 1667	1. 貝尼尼協助開闢聖彼 得廣場 2. 整建密涅瓦廣場、波 波洛廣場	1. 1655，瑞典女王克莉絲 蒂娜造訪羅馬 2. 1665，法達出版《在教 宗亞歷山大七世的幸福 統治期間，現代羅馬城 內建築的新劇場》 3. 1665，克魯爾出版《古 代與現代羅馬著名建 築實景與羅馬城市地 圖》；隔年出版《羅馬 城內著名景點》
	17世紀 下半葉 ∣ 1521		1. 大旅遊成為歐洲年輕人 的風潮 2. 1745，庇拉內西出版 《建築群像》，開啟長 達30餘年的版畫創作 3. 1747，瓦西出版《古代與 現代羅馬的宏偉景象》 的第一冊 4. 1748，諾里出版《羅馬 城最新地圖》 5. 1789，爆發法國大革命

參考資料

外文

ckerman, James S. "The Planning of RenaissanceAckerman, James S. "The Planning of Renaissance Rome, 1450-1580," in P. A. Ramsey, ed., *Rome in the Renaissance: the City and the Myth*, New York: Medieval & Renaissance texts & studies, 1982, pp. 3-26.

Aldrete, Gregory S. *Floods of the Tiber in Ancient Rome*, Baltimore: Johns Hopkins University Press, 2007.

Beck, Hans-Georg ed. *History of the Church: from the High Middle Ages to the Eve of the Reformation*, New York: Crossroad, 1980.

Connors, Joseph. "Giovanni Battista Falda and Lievin Cruyl. Rivalry between Printmakers and Publishers in the Mapping of Rome," in Mario Bevilacqua ed., *Piante di Roma dal Rinascimento ai Catasti*, Roma: Artemide, 2012, pp. 219-231.

Bignamini, Ilaria ed. *Grand Tour: the Lure of Italy in the Eighteenth*, London: Tate Gallery Pub, 1996.

Black, Jeremy. *Italy and the Grand Tour*, New Haven: Yale University Press, 2003.

Bogen, Steffen and Felix Thürlemann. *Rom Eine Stadt in Karten Von Der Antike Bis Heute*, Darmstadt: Primus-Verl., 2009.

Braunfels, Wolfgang. *Urban Design in Western Europe: Regime and Architecture, 900-1900*, Chicago: University of Chicago Press, 1988.

Brian, Curran A. et. al. *Obelisk: a History*, Cambridge: MIT Press, 2009.

Brunt, P. A. and J. M. Moore eds., *Res Gestae divi Augusti : the Achievements of the Divine Augustus*, Oxford: The Univerity Press, 1967.

Bruschi, Arnaldo. "Religious Architecture in Renasissance Italy from Brunelleschi to Michelangelo," in HenryA. Millon ed., *Italian Renaissance Architecture:from Brunelleschi to Michelangelo*, Lonodn: Thames and Hudson, 1994, pp. 123-181.

Cock, Hieronymus. *Praecipua aliquot Romanae Antiquitatis Ruinarum Monimenta*, Antwerp, 1551.

Cruyl, Lievin. *Prospectus Locorum Urbis Romae Insignium*, Roma: 1666.

Curran Brian A. et. al. *Obelisk: a History*, Cambridge: MIT Press, 2009.

Damisch, Hubert. "The Ideal City," in Henry A. Millon ed., *Italian Renaissance Architecture: from Brunelleschi to Michelangelo*. Lonodn: Thames and Hudson, 1994, pp. 538-549.

Dannenfeldt, Karl H. "Egypt and Egyptian Antiquities in the Renaissance," in *Studies in the Renaissance*, Vol. 6 (1959), pp. 7-27.

Duperac, Etienne. *I Vestigi dell'Antichita*, Roma: 1575.

Erwin, Iserloh ed., *History of the Church: Reformation and Counter Reformation*, New York: Crossroad, 1980.

Falda, Giovanni Battista. *Il Nuovo Teatro delle Fabriche et Edifici in Prospettiva di Roma Moderna, sotto il Felice Pontificato di N, S, Papa Alessandro VII, 1665-1667*.

_____.*NVOVA PIANTA ET ALZATA DELLA CITTA DI ROMA CON TVTTE LE STRADE PIAZZE ET EDIFICII DE TEMPII*, Roma: 1676.

Fontana, Domenico. *Della Trasportatione dell' Obelisco Vaticano et delle Fabriche di Nostro Signore Papa Sisto V. Fatte dal Cavalier Domenico Fontana*, Roma: 1590.

Frommel, Christoph Luitpold. "Papal Policy: The Planning of Rome during the Renaissance," in *Journal of Interdisciplinary History*, Vol. 17, No. 1(1986): pp. 39-65.

_____. "St. Peter's: The Early History," in HenryA. Millon ed., *Italian Renaissance Architecture: from Brunelleschi to Michelangelo*, Lonodn: Thames and Hudson, 1994, pp. 399-423.

Fvlvio, Andrea and Girolamo Ferrucci. *L' Antichità di Roma*,Venetia: 1588.

Godwin, Joscelyn. Athanasius Kircher' s Theatre of the World, London: Thames& Hudson, 2009.

Günther, Hubertus. "Urban Planning in Rome under Medici Popos," in Henry A. Millon ed., *Italian Renaissance Architecture: from Brunelleschi to Michelangelo*, London: Thames and Hudson, 1994, pp. 545-550.

_____. "The Renaissance of Antiquity," in Henry A. Millon ed., *Italian Renaissance Architecture: from Brunelleschi to Michelangelo*, Londn: Thames and Hudson, 1994, pp. 259-305.

Joseph Connors, "Giovanni Battista Falda and Lievin Cruyl . Rivalry between Printmakers and Publishers in the Mapping of Rome," in Mario Bevilacqua, Marcello Fagiolo ed., *Piante di Roma dal Rinascimento ai Catasti*, Roma: ARTEMIDE, 2012, pp. 218-231.

Habel, Dorothy Metzger. *The Urban Development of Rome in the Age of Alexander VII*, Cambridge: Cambridge University Press, 2002.

Hall, Marcia B. ed., *Rome*, Cambridge: Cambridge University Press, 2005.

Hohenberg, Paul M. and Lynn Hollen Lees. *Making of urban Europe 1000-1950*. Cambridge: Harvard University Press, 1985.

Horrigan, J. Brian. "Imperial and Urban Ideology in a Renaissance Inscription," in *Comitatus: A Journal of Medieval and Renaissance Studies*, 9(1) (1978), pp. 73-86.

Hsia, R. Po-chi. *The world of Catholic Renewal, 1540-1770*, Cambridge: Cambridge University Press, 1998.

Hübner, Alexander. *The Life and Times of Sixtus the Fifth vol. I*, London: Longmans, Green, And Co., 1872.

_____. *The Life and Times of Sixtus the Fifth vol. II*, London: Longmans, Green, And Co., 1872.

Jaeger, Lorenz. *Ecumenical Council*, New York: P. J. Kenedy, 1961.

Knowles, David. "Church and State in Christian History," in *Journal of Contemporary History*, Vol. 2, No. 4 (Oct., 1967), pp. 3-15.

Krautheimer, Richard. *Rome: Profile of a City, 312-1308*, Princeton: Princeton University Press, 1980.

_____. *The Rome of Alexander VII, 1655-1667*, New Jersey: Princeton University Press, 1987.

Kristeller, Paul Oskar. *Renaissance Thought and the Arts: Collected Essays*. Princeton: Princeton University Press, 1990.

_____. *Renaissance Thought: The Classic, Scholastic, and Humanistic Strains*. New York: Harper, 1961.

Lansford, Tyler. *The Latin Inscriptions of Rome: A Walking Guide*. Baltimore: The Johns Hopkins University Press, 2009.

Le Cose Maravigliose dell' Alma Città di Roma, con Movimento delle Guglie& gli Aquedotti. La ample, & Commode Strade, Fatte à Benefice Publice dal Santissimo SISTO V. P. O. P., Roma: 1600.

Maier, Jessica. "Giuseppe Vasi' s NUOVA PIANTA DI ROMA(1781): Cartography, prints, and power in settecento Rome," in *Eighteenth-Century Studies*, vol. 46, no. 2 (2013), pp. 259-279.

March, Lionel. *Architectonics of Humanism: Essays on Number in Architecture*. Chichester: Academy Editions, 1998.

Marcia B. Hall ed., *Cambridge Companion to Raphael*, New York: Cambridge University Press, 2005, pp. 59-94.

Mercati, Michele. *De Gli Obelischi di Roma*, Roma: 1589.

Mullett, Michael A. *The Catholic Reformation*, London: Routledge, 1999.

Nolli, Giambatista. *La Nuova Topografia di Roma*, 1748.

_____. *La Topografia di Roma*, 1748.

Norberg-Schulz, Christian. "The Baroque and its Buildings," in Henry A. Millon ed., *The Triumph of the Baroque*, London: Thames and

Hudson, 1999, pp. 57-80.

Orbann, J. A. F. *Sixtine Rome*, New York: The Baker and Taylor Company, 1911.

Partner, Peter. *Renaissance Rome, 1500-1559*, Berkeley: University of California Press, 1976.

Pellecchia, Linda. "The Contested City: Urban Form in Early Sixteenth-Century Rome," in Marcia B. Hall ed., *Cambridge Companion to Raphael* ,New York: Cambridge University Press, 2005, pp. 59-94.

Pinard, *Ugo. VRBIS ROMAE DESCRIPTIO, 1555.*

Piranesi, Giovanni Battista. *Alcune Vedute di Archi Trionfali, ed Altri Monumenti*, Roma: 1778.

Schroeder, H. J. trans. *Canons and decrees of the Conciliu Tridentinum*, St. Louis: B. Herder Book, 1941.

Silvestre, Israel. *Antiche e Moderne Vedute di Roma*, Paris: 1638-1651.

Stephan, Peter. "Rom unter Sixtus V.: Stadtplanung als Vergegenwärtigung von Heilsgeschichtepp," in *Zeitschrift für Kunstgeschichte 72* (2009), pp. 165-214.

Stinger, Charles L. *The Renaissance in Rome*, Bloomington: Indiana University Press, 1985.

Tanner, Norman P. *The Councils of the Church: A Short History*, New York: The Crossroad Publishing Company, 2001.

Tofani, Annamaria Petrioli. "From Scenery to City: Set Designs," in Henry A. Millon ed., *Italian Renaissance Architecture: from Brunelleschi to Michelangelo*, Lonodn: Thames and Hudson, 1994, pp. 529-537.

Vasi, Giuseppe. *Delle Magnificenza di Roma Antica e Moderna, Libero Secondo*, Roma: 1752.

_____. *Delle Magnificenza di Roma Antica e Moderna, Libero Quatro*, Roma: 1754.

von Pastor, Ludwig. *The History of the Popes*, Vol.2, London: Kegan Paul, 1949.

_____. *The History of the Popes, Vol.6*, London: Kegan Paul, 1949.

_____. *The History of the Popes, Vol.7*, London: Kegan Paul, 1949.

_____. *The History of the Popes, Vol.9*, London: Kegan Paul, 1950.

_____. *The History of the Popes, Vol.11*, London: Kegan Paul, 1950.

_____. *The History of the Popes, Vol.12*, London: Kegan Paul, 1950.

_____. *The History of the Popes, Vol.13*, London: Kegan Paul, 1951.

_____. *The History of the Popes, Vol.16*, London: Kegan Paul, 1951.

_____. *The History of the Popes, Vol.17*, London: Kegan Paul, 1951.

_____. *The History of the Popes, Vol.18*, London: Kegan Paul, 1951.

_____. *The History of the Popes, Vol.19*, London: Kegan Paul, 1952.

_____. *The History of the Popes, Vol.21*, London: Kegan Paul, 1952.

_____. *The History of the Popes, Vol.29*, London: Kegan Paul, 1952.

_____. *The History of the Popes, Vol.30*, London: Kegan Paul, 1952.

_____. *The History of the Popes, Vol.31*, London: Kegan Paul, 1952.

Wilton, Andrew, Ilaria Bignamini ed., *Grand Tour: The Lure of Italy in the Eighteen Century*, London : Tate Gallery Pub, 1996.

Wittkower, Rudolf. *Architectural Principles in the Age of Humanism*, New York: St. Martin's Press, 1988.

Yates, Frances. *Giordano Bruno and the Hermetic Tradition*, New York: Routledge, 2002.

http://nolli.uoregon.edu/ (2017/12/19)

中文

王健安，《教宗西斯圖斯五世(Sixtus V)之羅馬都市計畫》，新北市：稻鄉，2016。

王健安，〈重建羅馬聖彼得大教堂平面佈局之爭議與其時代意義〉，《史學研究》，第25期(2012.7)，頁1-65。

劉明翰主編，《歐洲文藝復興史·城市與社會生活卷》，北京：人民出版社，2008。

威爾弗利德·科霍著，陳澄世譯，《建築風格學》，新北：龍溪國際圖書，2009。

圖片來源

因為通訊技術的大幅躍進,現代歷史研究得以用比起過去任何一個時代都還要低廉的成本,迅速獲得各種資料,尤其是電子化後的圖像史料。在有些時候,要使用古老的圖像,版權限制倒是其次(絕大多數古老圖片都已經是可自由使用的公共智慧財產),最難的問題反而是在於:該從哪個管道取得?

所幸在近幾年來,一些由國家或大型組織主持運作的網路平台,紛紛公開展示其所掌握的電子圖檔,並鼓勵一定範圍內的合理運用。本書圖片皆由這些熱衷於保存公共智慧財產的平台所提供,在此表示由衷感謝。或許在數十年、或數百年後,這股趨勢所帶來的影響,將絲毫不下於印刷術的普及。

因項目眾多,在此僅提供各圖片來源的主站,有需要的讀者可用關鍵字進一步搜尋。

Europeana Collections

1-1、1-2、1-3、1-4、1-5、1-6、1-7、1-8、1-9、1-10、1-11、1-14、1-17、1-18、1-19、1-20、1-21、1-22、1-23、1-24、1-25、1-26、1-27、1-30、1-31、1-33、1-38、2-1、2-2、2-3、2-4、2-5、2-6、2-7、2-8、2-9、2-10、2-24、2-25、2-26、2-27、2-28、2-29、2-32、2-35、2-36、2-37、2-40、2-41、2-43、2-44、2-48、2-49、2-50、2-51、2-52、2-53、2-54、2-64、2-65、2-66、3-5、3-6、3-7、3-8、3-9、3-10、3-11、3-12、3-13、3-14、3-15、3-16、3-17、3-18、3-19、3-20、3-21、3-22、3-23、3-24、3-25、3-26、3-27、3-28、3-29、3-30、3-31、3-32、3-33、3-34、3-35、3-36、3-37、3-38、3-39、3-40、3-41、3-42、3-63、3-64、3-65、3-67、3-70、3-71、3-72

Internet Archive

1-12、1-13、1-37、1-39、1-40、1-41、1-42、1-43、1-44、1-45、1-46、1-47、1-48、1-49、1-50、1-51、1-52、2-55、2-56、2-57、2-58、2-59、2-60、2-61、2-62、2-63、3-43、3-44、3-45、3-46、3-47、3-48、3-49、3-50、3-51、3-52、3-53、3-54、3-55、3-56、3-57、3-58、3-59、3-60、3-61、3-62

Ghent University Library

CC BY-SA 3.0
2-11、2-12、2-13、2-14、2-15、2-16、2-17、2-18、2-19、2-20、2-21、2-22、2-23

Rijksmuseum

2-33、2-34、2-38、2-39、2-45、2-46、2-47

The Metropolitan Museum of Art

1-32、3-3、3-4、3-66、3-68、3-69

e-rara

2-30、2-31、3-2

Wikimedia Commons

1-29、1-35

Flickr

1-34、1-36

The Walters Art Museum

2-42

Wellcome Collection

3-1

中英對照

人名

馬丁五世 Martin V
庇護二世 Pius II
西斯圖斯四世 Sixtus IV
尼可拉斯五世 Nicholas V
朱利烏斯二世 Julius II
李奧十世 Leo X
保羅三世 Paul III
庇護四世 Pius IV
葛雷高里十三世 Gregory XIII
西斯圖斯五世 Sixtus V
保羅五世 Paul V
烏爾班八世 Urban VIII
英諾森十世 Innocent X
亞歷山大七世 Alexander VII
克萊門十一世 Clement XI

布魯內涅斯基 Filippo Brunelleschi
布拉曼帖 Donato Bramante
豐塔那 Domenico Fontana
拉斐爾 Raffaello Sanzio da Urbino
米開朗基羅
Michelangelo di Lodovico Buonarroti Simoni
馬德諾 Carlo Maderno
漢斯柯克 Martin Van Heemskerck
賽里歐 Sebastiano Serlio
柯克 Hieromymus Cock
杜佩拉克 Etienne Dupérac
梅爾卡蒂 Giovanni Battista Mercati
西維斯特 Israel Silvestre
貝尼尼 Gian Lorenzo Bernini
法達 Giovanni Battista Falda
克魯爾 Lievin Cruyl
賈科墨・德・羅西 Giovanni Giacomo De Rossi
巴提斯塔・德・羅西 Giovanni Battista De Rossi

馬帖歐・德・羅西 Matteo Gregorio De Rossi
蓋茲 Pier Leone Ghezzi
維特爾 Gaspar Van Wittel
帕尼尼 Giovanni Paolo Panini
庇拉內西 Giovanni Battista Piranesi
瓦西 Giuseppe Vasi
諾里 Giovanni Battista Nolli
布法里尼 Leonardo Bufalini
畢亞特列耶特 Nicolas Beatrizet
卡特羅 Mario Catarot
布蘭比拉 Giovanni Ambrogio Brambilla
坦佩斯塔 Antonio Tempesta
梅爾卡提 Michele Mercati

奧古斯都 Imperator Caesar Divi F. Augustus
馬丁・路德 Martin Luther
伯洛美爾 Federico Borromeo
查理五世 Charles V
亨利三世 Henry III of France
亨利四世 Henry IV of France
費迪南二世 Ferdinand II
路易十四 Louis XIV
古斯塔夫大帝 Gustav II Adolf
克莉絲蒂娜 Christina, Queen of Sweden

伊拉斯莫斯 Erasmus von Rotterdam
弗維歐 Andrea Fvlvio
梅耶 Cornelius Meijer
第二代巴麥尊子爵 2nd Viscount Palmerston
艾德華・吉朋 Edward Gibbon
貝克福特 William Beckford
彌桑 Maximilie Misson
諾爾索 John Northall
契爾學 Athanasius Kircher

建築與古蹟

聖彼得大教堂 Basilica di San Pietro in Vaticano
聖母大殿 Basilica di St. Maria Maggiore
拉特蘭聖若望大殿 Arcibasilica del Santissimo Salvatore e Santi Giovanni Battista ed Evangelista in Laterano
聖十字聖殿
Basilica di Santa Croce in Gerusalemme
聖母百花大教堂
Cathedrale di Santa Maria del Fiore
皮恩察主教座堂 Duomo di Pienza
波波洛聖母聖殿
Basilica di Santa Maria del Popolo
聖山聖母堂 Santa Maria di Montesanto
奇蹟聖母教堂 Santa Maria dei Miracoli
平安聖母堂 Chiesa di Santa Maria della Pace
密涅瓦聖母堂 St Maria della Minerva
山上聖三一教堂 Chiesa della Trinità dei Monti
聖阿妮絲教堂 Chiesa di Sant'Agnese in Agone
聖彼得鎖鏈堂 Basilica di San Pietro in Vincoli
聖斯德望圓形堂
Basilica di Santo Stefano al Monte Celio
聖方濟加堂 Basilica di Santa Francesca Romana
維拉布洛聖喬治教堂
Chiesa di San Giorgio in Velabro

梵蒂岡方尖碑 Obelisco Vaticano
艾斯奎利諾方尖碑 Obelisco Esquilino
拉特蘭方尖碑 Obelisco Laterano
費拉米尼歐方尖碑 Obeliso Flaminio

朱利亞路 Via Giulia
露加拉路 Via della Lungara
李奧尼納路 Via Leonina
費拉米尼亞路 Via Flaminia
保羅利納路 Via Paolina
菲利伽路 Via Felice
聖羅倫佐城門路 Via di Porta San Lorenzo
潘尼斯佩拉路 Via Panisperna
拉特蘭聖若望大殿路
Via di San Giovanni in Laterano
天使聖馬利亞教堂路 Via Santa Maria degli Angeli
聖羅倫佐城門路 Via di Porta San Lorenzo
潘尼斯佩拉路 Via Panisperna
拉特蘭聖若望大殿路 Via di San Giovanni in Laterano
薩拉拉路 Via Salara
葛雷高里納路 Via Gregoriana
庇亞路 Via Pia
協和大道 Via della Conciliazione
9月20日路 Via XX Settembre

卡比托林廣場 Piazza Campidoglio
波波洛廣場 Piazza del Popolo
鄉野廣場 Piazza del Campo
庇護二世廣場 Piazza Pio II
鄉野廣場 Piazza del Campo
羅馬廣場 Forum Romanum
納沃那廣場 Piazza Navona
圓柱廣場 Piazza Colonna
密涅瓦廣場 Piazza della Minerva

蒙塔托宮 Palazzo Montalto
法爾內塞宮 Palazzo Farnese
拉特蘭宮 Palazzo Laterano
宗座宮殿 Palazzo di Apostolico
公共宮 Palazzo Publico
維斯科維利宮 Palazzo Vescovile
皮科洛米尼宮 Palazzo Picolomini
元老宮 Palazzo Senatorio
管理宮 Palazzo dei Conservatori
新宮 Palazzo Nuovo
巴爾貝里尼宮 Palazzo Barberini
齊吉宮 Palazzo Chigi

摩西噴泉 Fontana del Mosè
特列同噴泉 Fontana del Tritone
破船噴泉 Fontana della Barcaccia

出版品與藝術作品

四河噴泉　Fontana dei Quattro Fiumi
特雷維噴泉　Fontana di Trevi

西斯托橋　Ponte Sisto
美景庭　Cortile di Belvedere
祝禱迴廊　Loggia delle Benedizioni
波波洛城門　Porta del Popolo
菲利伽水道　Acqua Felice
聖彼得聖座　Cathedra Petri
大階梯　Scale Regia
西班牙階梯　Scalinata della Trinità dei Monti

萬神殿　Pantheon
康士坦丁凱旋門　Arco di Costantino
提圖斯凱旋門　Arco di Tito
塞維魯凱旋門　Arco di Settimio Servero
奧里略圓柱　Colonna di Marco Aurelio
圖拉真圓柱　Colonna Traiana
君士坦丁集會所　Basilica di Costantino
戴克理先大浴場　Terme di Diocleziano
奧古斯都陵墓　Mausoleo di Augusto
聖階　Santa Scale
謝斯提歐金字塔　Piramide di Caio Cestio
法斯提那神殿　Tempio di Fausstina
羅幕勒斯神殿　Tempio del Divo Romolo
康考迪亞神殿　Tempio della Concordia
卡斯托里神殿　Tempio dei Castori
卡拉卡拉賽馬場　Circo di Caracalla
雅努斯拱門　Arco di Giano
馬喬雷城門　Porta Maggiore
賽提米亞納城門　Porta settimiana
克勞薩城門　Porta Clausa
奧里略騎馬像　Equestrian Statue of Marcus Aurelius
拉奧孔像　Laocoön and His Sons

瓦特藝術博物館　Walters Art Museum

《論羅馬城的方尖碑》
De gli Obelischi di Roma
《高貴羅馬城的驚奇光輝事物》
Le Cose Maravigliose dell'Alma Citta di Roma
《羅馬城內古蹟》　L'Antichità di Roma
《羅馬古代遺跡的圖像》　Praecipua aliquot Romanae Antiquitatis Ruinarum Monumenta
《羅馬城內古代遺跡的樣貌》
I Vestigi dell'Antichita' di Rome
《羅馬城內郊區的景觀圖》　Alcune Vedute et Prospettive di Luoghi Dishabiatati di Roma
《羅馬城的古代與現代模樣》
Antiche e Moderne Vedute di Roma e Contro Fate da Israel Silvestre
《在教宗亞歷山大七世的幸福統治期間，現代羅馬城內建築的新劇場》
Il Nuovo Teatro delle Fabriche et Edifici in Prospecttiva di Roma Moderna, sotto il felice pontificato di N. S. Papa Alessandro VII
《羅馬城內著名景點》
Prospectus Locorum Urbis Romae Insigniun
《建築群像》
Prima Parte di Architecture, e Prospettive
《古代凱旋門與其它建築的數幅景象》
Alcune Vedute di Archi Trionfali, ed Altri Monumenti
《古羅馬的馬爾斯平原》
Il Campo dell'Antica Roma
《宏偉的大理石圓柱》
Trofeo o sia Magnifica Colonna Coclide di Marmo
《羅馬城市景觀》　Vedute di Roma
《古代與現代羅馬的宏偉景象》
Delle Magnificenza di Roma Antica e Moderna
《旅遊指南：分成八天的簡易之旅，可一探羅馬的現代與古代偉大之處》　Itinerario Istruttivo Diviso in Otto Giornate per Ritrovare con Facilita tutte le Antiche e Moderne Magnificenze di Roma

《古代與現代羅馬著名建築實景與羅馬城市地圖》 *PIANTA DI ROMA COME SI TROVA AI PRESENTE COLLE ALZATE DELLE FABRICHE PIV NOBILI COSI ANTICHE COME MODERNE*
《羅馬城市新地圖》
NVOVA PIANTA DI ROMA
《新羅馬城市地圖，包含所有街道、廣場與教堂》 *NUOVO PIANTA ET ALZATA DELLA CITTA DI ROMA CON TVTTE STRADE PIAZZE ET EDIFICI DEI TEMPII*

《羅馬城最新地圖》
La Nuova Topografia di Roma
《羅馬景觀》 *Vrbis Romae Descriptio*

《神君奧古斯都的功績，他將世界置於羅馬人民的帝國之統治下，以及他為國家及羅馬民眾所做的付出》 *Res Gestae divi Augusti, quibus orbem terrarium imperio populi Romani subiecti, et impensae quas in rem publicam populumque Romanum fecit*
《建築七書》 *I Sette Libri dell'Architettura*
《羅馬帝國衰亡史》 *The History of the Decline and Fall of the Roman Empire*

〈從大競技場觀看聖斯德望圓形堂〉
Veduta dall' anfiteatro a S. Stefano
〈現代羅馬〉 *Roma Moderna*
〈古代羅馬〉 *Roma Antica*
〈塔羅劇場與周圍建物立面圖〉
Elevazione dell'Anfiteatro di Statilio Tauro, e degli altri edifizi che gli eran vicini

地名

皮切諾山 Monte Picino
艾斯奎利諾山 Monte Esquilino
帕拉提諾山丘 Monte Palatino
台伯河 Tibers
特拉斯特維列 Trestevere
席耶納 Siena
皮恩察 Pienza
烏爾比諾 Urbino
皮埃德蒙特 Piedmont
恆河 Ganges
尼羅河 Nile
普拉塔河 Plata
多瑙河 Danube

其它

禧年 Jubilee
鄂圖曼帝國 Ottoman Empire
世界劇場 Anfiteatro del Mondo
集中式平面佈局 Central Plan
巴西利卡式平面佈局 Basilica Plan
特蘭托大公會議 Concilium Tridentinum
聖巴托羅謬大屠殺 Massacre de la Saint-Barthelemy
盧德維西 Ludovisi
奧古斯堡和約 Peace of Augusburg
威斯特伐利和 Peace of Westphalia
潘菲利 Pamphili
大旅遊 Grand Tour
全面戰爭 Total War
隨想風格 Capriccio

讀歷史86　PC0657

世界劇場：16-18世紀版畫中的羅馬城

作　　者／王健安
責任編輯／鄭伊庭
圖文排版／葉力安
封面設計／王嵩賀

發 行 人／宋政坤
法律顧問／毛國樑　律師
出版發行／秀威資訊科技股份有限公司
　　　　　114台北市內湖區瑞光路76巷65號1樓
　　　　　電話：+886-2-2796-3638　傳真：+886-2-2796-1377
　　　　　http://www.showwe.com.tw
劃撥帳號／19563868　戶名：秀威資訊科技股份有限公司
　　　　　讀者服務信箱：service@showwe.com.tw
展售門市／國家書店（松江門市）
　　　　　104台北市中山區松江路209號1樓
　　　　　電話：+886-2-2518-0207　傳真：+886-2-2518-0778
網路訂購／秀威網路書店：https://store.showwe.tw
　　　　　國家網路書店：https://www.govbooks.com.tw

2019年5月　BOD一版
定價：450元
版權所有　翻印必究
本書如有缺頁、破損或裝訂錯誤，請寄回更換

國家圖書館出版品預行編目

世界劇場：16-18世紀版畫中的羅馬城/ 王健安著. -- 一版.
-- 臺北市：秀威資訊科技, 2019.05
　　面；　公分. -- (史地傳記類)
　BOD版
　ISBN 978-986-326-671-6(平裝)

　1. 西洋史　2. 義大利羅馬

740.24　　　　　　　　　　　　　　　　108002948

讀者回函卡

感謝您購買本書，為提升服務品質，請填妥以下資料，將讀者回函卡直接寄回或傳真本公司，收到您的寶貴意見後，我們會收藏記錄及檢討，謝謝！

如您需要了解本公司最新出版書目、購書優惠或企劃活動，歡迎您上網查詢或下載相關資料：http:// www.showwe.com.tw

您購買的書名：_____

出生日期：_____年_____月_____日

學歷：□高中 (含) 以下　　□大專　　□研究所 (含) 以上

職業：□製造業　□金融業　□資訊業　□軍警　□傳播業　□自由業

　　　□服務業　□公務員　□教職　　□學生　□家管　　□其它_____

購書地點：□網路書店　□實體書店　□書展　□郵購　□贈閱　□其他

您從何得知本書的消息？

　□網路書店　□實體書店　□網路搜尋　□電子報　□書訊　□雜誌

　□傳播媒體　□親友推薦　□網站推薦　□部落格　□其他_____

您對本書的評價：（請填代號　1.非常滿意　2.滿意　3.尚可　4.再改進）

　封面設計____　版面編排____　內容____　文／譯筆____　價格____

讀完書後您覺得：

　□很有收穫　□有收穫　□收穫不多　□沒收穫

對我們的建議：_____

_____

_____

_____

11466
台北市內湖區瑞光路 76 巷 65 號 1 樓

秀威資訊科技股份有限公司　　　收

BOD 數位出版事業部

....

（請沿線對折寄回，謝謝！）

姓　　名：＿＿＿＿＿＿＿＿＿　年齡：＿＿＿＿　性別：□女　□男

郵遞區號：□□□□□

地　　址：＿＿＿＿＿＿＿＿＿＿＿＿＿＿＿＿＿＿＿＿＿

聯絡電話：(日) ＿＿＿＿＿＿＿＿＿＿　(夜) ＿＿＿＿＿＿＿＿＿＿

E-mail：＿＿＿＿＿＿＿＿＿＿＿＿＿＿＿＿＿＿＿＿＿